VEGETARISCH FÜR GENIESSER

DIE GU KÜCHENBIBLIOTHEK

VEGETARISCH
FÜR GENIESSER

DIE GU KÜCHENBIBLIOTHEK

Rezeptfotos: Michael Brauner
Fotos Warenkunde und Küchentechnik: Michael Brauner/
Stockfood Eising/Studio Teubner

Rezepte:
Elisabeth Döpp
Reinhard Hess
Marianne Kaltenbach
Martina Kittler

Warenkunde und Küchentechnik: Annette Heisch

Inhalt

VEGETARISCHE KÜCHE

Fleischlos genießen liegt voll im Trend. Immer mehr Menschen verzichten aus verschiedenen Gründen ganz auf Fleisch oder essen bewußt weniger. Aus kulinarischer Sicht gibt es keinerlei Einbußen, ganz im Gegenteil. Aus Gemüse, Getreide, Hülsenfrüchten, Samen, Nüssen, Kräutern und Früchten lassen sich köstliche Gerichte zaubern, die für Gaumen und Auge der pure Genuß sind. Kein Wunder, daß auch in der Spitzengastronomie zunehmend Linsen, Grünkern und Co. angeboten werden. Richtig zubereitet und kombiniert schmecken vegetarische Gerichte nicht nur köstlich, sie fördern auch noch die Gesundheit und das Wohlbefinden.

Gesunder Genuß ohne Fleisch

Milchsäurebakterien gelten als bioaktiv. Sie wirken nicht nur wohltuend auf Magen und Darm – neuere Erkenntnisse zeigen, daß sie sogar gegen Dickdarmkrebs aktiv sind. Essen Sie öfter durch Milchsäuregärung haltbar gemachtes Gemüse wie Sauerkraut oder milchsauer vergorene Milchprodukte wie Joghurt oder Dickmilch.

Bioaktive Wirkstoffe

Neueste wissenschaftliche Untersuchungen erbringen den Beweis: In Gemüse, Obst, Getreide und Hülsenfrüchten steckt noch mehr Gesundheit als bisher vermutet. Das Zauberwort heißt sekundäre Pflanzenstoffe. Diese haben komplizierte Namen und früher interessierten sich hauptsächlich die Botaniker dafür, da sie eine wichtige Funktion im Stoffwechsel der Pflanzen erfüllen. Seit man die lebenswichtige Bedeutung für den Menschen kennt, heißen sie auch bioaktive Wirkstoffe. Sie stärken das Immunsystem, sie wehren Zellveränderungen ab und wirken so gegen Krebs, sie regulieren den Blutdruck, hemmen Entzündungen, senken Cholesterin- und Blutzuckerspiegel und gehen gegen Viren, Bakterien und Pilze im Körper vor. Außerdem verhindern sie Blutgerinsel und sind so eine Waffe gegen den Herzinfarkt. Hier ein kurzer Überblick über die wichtigsten Verbindungen: Am prominentesten sind die Karotinoide mit ihrem wichtigsten Vertreter, dem Beta-Karotin. Sie sind ein gutes Zellschutzmittel mit Antikrebswirkung. Besonders karotinreich sind Möhren, Mangos und Aprikosen sowie Mangold, Spinat und Grünkohl. Flavonoide stecken in Rotkohl, Broccoli, Kirschen, Tomaten und Orangen. Knoblauch und alle Zwiebelgewächse verdanken ihre Wirkung als Herzinfarkt-Killer dem Allicin. Kohlgewächse, Kresse, Rettich und Senf wirken dank der Senföle krebsvorbeugend. Saponine, vor allem in Hülsenfrüchten, senken den Cholesterinspiegel. Übrigens, auch Ballaststoffe zählen zu den bioaktiven Wirkstoffen. Sie unterstützen die Verdauung und wirken günstig auf den Cholesterin- und Blutzuckerspiegel ein. Ballaststoffreich sind alle Hülsenfrüchte und Vollkorngetreideprodukte sowie faserreiches Gemüse (z. B. alle Kohlarten) und Obst.

Vegetarier ist nicht gleich Vegetarier: Die größte Gruppe verzichtet nur auf Fleisch und Fisch. Lactovegetarier verzichten außerdem auf Eier. Die strengste Gruppe, die Veganer, lehnen jede Nahrung ab, die tierischen Ursprungs ist, also auch Milchprodukte und Eier. Sie müssen deshalb auf Calcium-, Eisen- und Vitamin B-12-Mangel achten.

Eiweiß

Die Furcht, bei vegetarischem Essen zu wenig Eiweiß zu bekommen, ist völlig unbegründet. Getreide, Kartoffeln, Hülsenfrüchte, Samen und Nüsse sind ergiebige Eiweißquellen. Auch Käse, Milch und Eier enthalten wertvolle Proteine. Wer die eiweißhaltigen Lebensmittel gekonnt kombiniert, erhält alle lebensnotwendigen Eiweißbausteine. So übertrifft z. B. die biologische Wertigkeit von Kartoffeln mit Ei sogar diejenige von Fleisch.

Cholesterin

Wer auf Fleisch und Wurst verzichtet, hat so schon die wesentlichen Cholesterinfallen gestrichen. Weniger Fett im Essen reicht jedoch häufig nicht aus, um den Cholesterinspiegel zu regulieren. Studien zeigen, daß Menschen, die täglich reichlich Gemüse, Hülsenfrüchte, Vollkornprodukte und Obst verspeisen, deutlich günstigere Cholesterinwerte aufweisen. Der Grund: die zahlreichen bioaktiven Wirkstoffe.

Vegetarisches in der Küche

Die empfehlenswerten Produkte aus ökologischem Anbau sind zwar teurer, aber von besserer Qualität. Immerhin entfallen in der vegetarischen Küche ja die Ausgaben für das Fleisch.

Der Qualitätsfaktor: Von allem das Beste

Auch wenn die Tomaten, Salatköpfe und Äpfel im Supermarkt ganz ordentlich aussehen, lassen Sie sich nicht von der Optik blenden! Häufig schmecken sie nach nichts und enthalten nur noch einen Bruchteil der Wirkstoffe, denn sie sind nicht in richtiger Erde gewachsen, haben kaum Sonne gesehen und lange Transporte hinter sich. Kaufen Sie bewußt ein! Das bedeutet, möglichst nur die Gemüse- und Obstsorten sollten in Ihrem Einkaufskorb landen, die gerade Saison haben. Werfen Sie einen Blick auf den Saisonkalender auf Seite 19, dann sind Sie »up to date«. Bevorzugen Sie regionale Produkte, sie sind in der Regel ausgereifter geerntet und frischer. In der kühlen Jahreszeit sind heimische Wintergemüse wie Rosenkohl, Grünkohl, Lauch, Endiviensalat sowie Lagergemüse wie Möhren, Weißkohl, Sellerie, Äpfel usw. meist dem Grünzeug aus dem Treibhaus oder aus Übersee vorzuziehen. So werden bei Salaten aus dem Treibhaus immer wieder erhöhte Nitratwerte festgestellt. Wer Wert auf Geschmack, Inhaltsstoffe und Ökologie legt, sollte Gemüse und Obst aus anerkannten ökologischen Anbaubetrieben kaufen. Bioprodukte gibt es direkt ab Hof, in sogenannten Abokisten, die ins Haus gebracht werden, auf Wochenmärkten und vereinzelt in gutsortierten Gemüsegeschäften. Fragen Sie danach, denn so tragen auch Sie langfristig zur Verbesserung des Angebots bei.

Zubereiten
Vegetarisch kochen ist weniger aufwendig als viele denken. Sie brauchen nicht unbedingt gleich eine Getreidemühle, denn viele Körner werden im ganzen gegart, einige sind sogar bereits zerkleinert und/oder vorgegart im Handel zu bekommen, zum Beispiel Couscous-Grieß oder Bulgur. Wer wenig Zeit hat, wählt Hülsenfrüchte mit kurzen Garzeiten, die nicht eingeweicht werden müssen, etwa Linsen. Bei Hülsenfrüchten und Getreide mit langen Garzeiten lohnt es sich, gleich mehr zu garen und einen Teil einzufrieren. Nährstoffschonend garen ist das oberste Gebot, um möglichst viele wertvolle Vitamine, Mineralstoffe und Spurenelemente von Gemüse, Hülsenfrüchten und Getreide auf dem Teller zu haben. Lesen Sie hierzu die Küchentechnik von Seite 29 bis 32.

Rote Linsen sind ein vollwertiges »Fast-food-Vergnügen«, die Garzeit beträgt nur 10–15 Min.

Der GU-Wegweiser zum richtigen Rezept

Damit Sie für jede Gelegenheit leicht das passende vegetarische Rezept finden, folgt auf den nächsten Seiten der Wegweiser zum richtigen Rezept. Er enthält alle wichtigen Informationen über die Rezepte samt ihren Eigenschaften und erschließt Ihnen die Vielfalt dieses Buches auf einen Blick.
Dazu wurde jedes Rezept geprüft, klassifiziert und mit Wertmarken wie »Gelingt leicht«, »Schnell« oder »Preiswert« versehen. Da die meisten Rezepte mehrere Eigenschaften haben, und jeder Wertmarke eine Farbe zugeordnet ist, ist eine bunte und informative Tabelle entstanden.
Die jeweils wichtigste Wertmarke, die das Rezept am besten charakterisiert, finden Sie farblich hervorgehoben auf den Rezeptseiten wieder.

Die Kalorien
Zu jedem Rezept erfahren Sie den Kaloriengehalt pro Portion und den Fettanteil in Gramm pro Portion. Alle vegetarischen Gerichte, die als Vorspeise oder kleiner Snack konzipiert sind, haben von uns die Wertmarke **Für die schlanke Linie** bekommen, wenn sie nicht mehr als 200 kcal pro Portion haben. Bei den Hauptgerichten geht diese Kategorie bis 400 kcal pro Portion.

Die Zeit
Zeit ist ein wichtiger Aspekt, nicht nur für alle, die jeden Tag kochen. In der Tabelle finden Sie die Zubereitungszeiten und in Klammern die Zeit für Einweichen, Ruhen lassen oder längeres Garen etc. Alle Gerichte, die nicht länger als 30 Min. benötigen, und zwar vom ersten Handgriff bis zum Servieren, haben die Wertmarke **Schnell**.
Alle Rezepte, bei denen Sie mehr als 2 Std. für die Zubereitung rechnen müssen, bekommen die Wertmarke **Braucht etwas Zeit**. Aber keine Angst vor höheren Zeitangaben – meist muß nur ohne weiteres Zutun Ihrerseits eine Zutat länger eingeweicht werden, ruhen oder kühlen. Unter dem Zeitaspekt ist es außerdem interessant, ob sich ein Gericht **gut vorbereiten läßt** – ganz gleich ob für das Mittagessen oder das Gästeessen am Abend.

Der Schwierigkeitsgrad
Besonders unkomplizierte Rezepte, die von Ungeübten problemlos zu bewältigen sind, haben wir mit **Gelingt leicht** gekennzeichnet.

Weitere Eigenschaften
Auch die Gruppe der ganz strengen Vegetarier, Veganer genannt, haben wir in unserem Buch berücksichtigt: Die phantasievollen Rezepte, bei denen geschmacklich auf nichts verzichtet werden muß, sind unter der Wertmarke **ohne Milch und Eier** zu finden.
Interessante Gerichte aus besonders preiswerten Zutaten haben die Wertmarke **Preiswert**.
Die **vollwertigen** Gerichte finden Sie ebenfalls auf einen Blick.

Der besondere Anlaß
Mit dem Vermerk **Für Gäste** sind Rezepte versehen, die nicht alltäglich sind. Einige davon sind etwas aufwendiger in der Zubereitung, für andere brauchen Sie besondere Zutaten, aber die meisten sind schnell zubereitet, lassen sich gut vorbereiten und gelingen leicht. Eines haben Sie in jedem Fall gemeinsam: Das Ergebnis ist beeindruckend.

Unendlich viele Kombinationsmöglichkeiten
Nun sehen Sie schon, daß es wichtig ist, mehrere Eigenschaften der Rezepte zu kennen, um das richtige für jeden Anlaß auszuwählen. Vielleicht brauchen Sie gerade für heute Abend ein **schnelles** Rezept, das **leicht gelingt**, relativ **preiswert** ist und dennoch Ihre **Gäste** beeindrucken soll.

Das besondere Rezept !

Einige Rezepte des Buches haben wir als besondere Rezepte hervorgehoben. Anhand dieser Beispiele wird erklärt, welche Eigenschaften dieses Rezept zu einem Gästerezept machen, warum ein anderes leicht gelingt und warum das dritte so schnell ist. Dazu gibt es Tips, wie es noch feiner, noch schneller, noch praktischer wird.
Die besonderen Rezepte sind im Buch leicht zu finden, der Text steht auf einer gelben Seite.

GU-WEGWEISER ZUM RICHTIGEN REZEPT

Seite	Rezept	Zubereitungs-zeit	Kalorien pro Portion	Fett pro Portion	Für die schlanke Lini
	VORSPEISEN, SNACKS, SALATE				
36	Rucola-Crostini	30 Min.	345	22 g	
37	Tomatentarte mit Walnüssen	45 Min. (+ 30 Min.)	241	15 g	
38	Würziger Joghurt-Frischkäse	20 Min. (+ 1 Std.)	184	9 g	■
38	Hummus aus gelben Erbsen	20 Min. (+ 5 1/4 Std.)	97	3 g	■
39	Paprikaröllchen mit Schafkäsefüllung	1 Std. (+ 1 Std.)	179	15 g	■
40	Mediterrane Auberginen-Mousse	30 Min. (+ 1 Std.)	124	8 g	■
41	Rohkost mit Avocado-Zitronen-Dip	30 Min.	223	16 g	
42	Rettich-Carpaccio	30 Min.	68	5 g	■
43	Gemüse-Terrine	1 1/4 Std. (+ 13 1/2 Std.)	107	7 g	
44	Frühlingsgemüse-Kuchen aus der Pfanne	1 Std.	566	35 g	
45	Basilikum-Omelett mit karamelisierten Tomaten	25 Min. (+ 2 Std.)	186	12 g	■
47	Brik mit Wirsing und Ei	50 Min.	414	22 g	
48	Fritiertes Gemüse mit Dip	1 Std.	337	18 g	
49	Steckrüben-Kartoffel-Puffer	1 1/4 Std.	152	7 g	■
50	Feines Gemüseragout	45 Min.	332	25 g	
51	Kaltes Gemüse-Gratin	45 Min. (+ 1 3/4 Std.)	295	15 g	
52	Süß-saurer Spinatsalat mit Shiitake-Pilzen	30 Min.	133	8 g	■
53	Warmer Blattsalat mit roten Beten	45 Min.	164	8 g	■
54	Kichererbsensalat	30 Min.	268	6 g	
55	Türkischer Bulgursalat	30 Min. (+ 30 Min.)	321	6 g	
56	Thailändischer Salat	30 Min.	200	12 g	■
57	Keimlingssalat mit Käse-Croûtons	30 Min.	275	16 g	
	SUPPEN UND EINTÖPFE				
60	Scharfe Kürbis-Kartoffel-Suppe	50 Min.	492	23 g	
61	Mangoldcremesuppe mit pochiertem Ei	50 Min.	500	31 g	
62	Bayerische Kerbelsuppe	25 Min.	370	16 g	
62	Erbsensüppchen	45 Min.	377	14 g	
63	Schwarzwurzelsuppe mit Kresse	1 Std.	452	15 g	
64	Grünkern-Schaumsuppe	45 Min.	472	23 g	
64	Gerstenrahmsuppe	30 Min.	430	12 g	
65	Rote-Bete-Consommé mit Eischneeklößchen	45 Min.	260	3 g	
66	Meerrettichcremesuppe	30 Min.	420	22 g	
67	Polentagrießsuppe mit Paprika	30 Min.	442	17 g	
68	Thailändische Suppe mit Zitronengras	30 Min.	114	8 g	■
69	Japanische Nudelsuppe	30 Min.	296	4 g	

Gelingt leicht	Schnell	Preiswert	Läßt sich gut vorbereiten	Braucht etwas Zeit	Für Gäste	Vollwertig	Ohne Milch und Eier

GU-WEGWEISER ZUM RICHTIGEN REZEPT

Seite	Rezept	Zubereitungs-zeit	Kalorien pro Portion	Fett pro Portion	Für die schlanke Lin
71	Kartoffelragout mit Artischocken	1 1/4 Std.	364	12 g	
72	Kartoffel-Tomaten-Suppe mit Orangenrahm	40 Min.	301	14 g	
73	Schmorgurken-Ratatouille	45 Min.	200	10 g	
74	Rote Linsensuppe	30 Min.	500	13 g	
74	Pikante Bohnensuppe	45 Min. (+ 12 3/4 Std.)	371	12 g	
75	Gemüseeintopf mit Kichererbsen	2 Std. (+ 14 Std.)	463	12 g	
	NUDELN UND REIS				
78	Spaghetti mit Pilzen und Kapern	40 Min.	686	20 g	
79	Penne mit Gorgonzola und Mangold	30 Min.	880	41 g	
80	Rigatoni mit Radicchio und Petersilie	25 Min.	750	24 g	
80	Grüne Tagliatelle mit Zitronensauce	20 Min.	704	18 g	
81	Mangold-Lasagne	1 Std. (+ 30 Min.)	479	16 g	
82	Kurkuma-Nudeln mit Olivenpaste	1 Std. (+ 1 Std.)	483	18 g	
83	Gemüse-Bandnudeln mit Sonnenblumenkern-Pesto	45 Min.	685	33 g	
85	Ravioli mit Bohnen-Tomaten-Füllung	1 1/4 Std. (+ 1 Std.)	695	29 g	
86	Zucchini-Farfalle	30 Min.	604	25 g	
87	Vollkornspätzle mit Pilzen und Käse	1 Std.	567	23 g	
88	Gebratene Buchweizennudeln mit Gemüse	30 Min.	363	8 g	
89	Gratinierte Muschelnudeln mit Spinat	40 Min. (+ 15 Min.)	438	15 g	
90	Canelloni mit Ricotta	1 Std.	457	25 g	
91	Türkische Tomaten-Reisnudeln	30 Min.	449	8 g	
92	Grüner Risotto	50 Min. (+ 20 Min.)	836	26 g	
93	Safran-Risotto mit Kürbis	45 Min.	437	13 g	
94	Gebratener Reis mit Bambussprossen	50 Min.	363	10 g	
95	Spinatreis mit Tofu	50 Min.	321	7 g	
96	Thailändischer Reis mit Spargel	50 Min.	275	3 g	
96	Tandoori-Reis mit Pilzen	30 Min. (+ 30 Min.)	266	8 g	
97	Koreanischer Reis	40 Min.	336	7 g	
98	Linsen mit Reis und Nudeln	1 Std.	739	24 g	
98	Reis-Tomaten-Gratin	30 Min. (+ 25 Min.)	547	27 g	
99	Möhren-Pilaw	1 Std.	548	15 g	

Gelingt leicht	Schnell	Preiswert	Läßt sich gut vorbereiten	Braucht etwas Zeit	Für Gäste	Vollwertig	Ohne Milch und Eier

GU-WEGWEISER ZUM RICHTIGEN REZEPT

Gelingt leicht
Schnell
Preiswert
Läßt sich gut vorbereiten
Braucht etwas Zeit
Für Gäste
Vollwertig
Ohne Milch und Eier

WARENKUNDE

Beste Qualität, Frische und die richtige Lagerung sorgen für einen optimalen fleischlosen Genuß. Die Vielfalt von Gemüse, Hülsenfrüchten, Getreide und Co. ist riesig. Worauf es bei der Auswahl ankommt und welche Produkte besonders wertvoll für die Gesundheit sind, erfahren Sie auf den nächsten Seiten.

Gemüse

Das Herz der vegetarischen Küche ist das Gemüse. Es zaubert nicht nur Farbe auf den Teller, sondern ist ein wichtiger Lieferant von Mineralstoffen, Spurenelementen und Vitaminen. Wenig Kalorien, viele Nährstoffe – Gemüse ist entsprechend ideal für die schlanke Linie und fördert das Wohlbefinden. Durch den hohen Gehalt an Ballaststoffen wirkt es sättigend und fördert die Verdauung. Bei so vielen Pluspunkten sollte Gemüse täglich in großer Menge auf dem Speiseplan stehen: Mindestens 200 g Gemüse und 75 g Salat täglich. Aber nur frische Ware enthält die optimale Menge an Nährstoffen. Praktisch ist eine sogenannte Abokiste vom Bio-Bauern. Hier wird einmal wöchentlich frisches Gemüse frei Haus geliefert. Auch Wochenmärkte bieten gute Chancen auf Frische. Ansonsten achten Sie darauf, daß Sie an solchen Tagen im Gemüseladen oder Supermarkt einkaufen, wenn gerade neue Ware geliefert wurde.

Auch das frischeste Gemüse verliert jedoch bei falscher Aufbewahrung seine wertvollen Inhaltsstoffe. Die meisten Gemüsesorten und Pilze sind im Gemüsefach des Kühlschranks gut aufgehoben. Blattgemüse, Knollen- und Wurzelgemüse, Blütengemüse sowie Kohl halten sich besonders gut locker in Plastikbeuteln verpackt bei Temperaturen um 1° C bei einer Luftfeuchtigkeit von 90%. Kühlschränke mit derartigen Frischhaltezonen sind ideal. Fruchtgemüse wie Paprika, Auberginen usw. werden am besten in kühlen Räumen von etwa 10° C gelagert, sonst muß das Gemüsefach herhalten. Die geeignete Lagertemperatur für Kartoffeln liegt bei 6–8° C. Und noch ein wichtiger Punkt: Kaufen Sie möglichst Gemüse, das gerade Saison hat und bevorzugen Sie regionale Ware. Treibhausware enthält stets mehr Nitrat als Freilandgemüse, lange Transportwege mindern die Frische. Was wann Saison hat, zeigt der Saisonkalender auf Seite 19.

Blattgemüse

Die Familie der Blattgemüse zeigt sich bis auf wenige Ausnahmen von ihrer grünen Seite. Das Blattgrün, auch Chlorophyll genannt, enthält stets Magnesium. Dieser Mineralstoff ist an vielen Stoffwechselfunktionen beteiligt, unter anderem auch bei körperlichen Streßsituationen.

Eine wichtige Gruppe der Blattgemüse sind die Kohlarten. Neueste wissenschaftliche Untersuchungen zeigen, daß Kohl bioaktive Wirkstoffe, die Senföle, enthält, die krebsvorbeugend wirken. Außerdem enthalten sie wertvolle Ballaststoffe, für eine gute Verdauung unentbehrlich. **Weißkohl** ist vor allem als Rohkost oder nur kurz blanchiert eine gute Quelle für Vitamin C. Eine besonders gesunde Form des Weißkohls ist das **Sauerkraut**. Durch die Milchsäuregärung wird das Kraut äußerst bekömmlich, enthält viel Vitamin C und B6 und fördert eine gute Verdauung. Auch hier gilt, am besten roh verzehren. **Wirsing** liefert vor allem Vitamin E und Folsäure. Sommerwirsing ist zarter als Winterwirsing und benötigt deshalb eine kürzere Garzeit.

Rosenkohl enthält reichlich Kalium, Magnesium und Eisen sowie die Vitamine B2, B6 und Folsäure. Er schmeckt gedünstet und gratiniert.

Spinat gehört zu den grünen Stars der Blattgemüse. Er enthält reichlich Folsäure, Vitamin B6 und Beta-Carotin sowie Eisen und Kalium. Kurz gedünstet ist Blattspinat ein feines Gemüse. Beim Aufwärmen von Spinat kann sich das gesundheitsschädliche Nitrit bilden, deshalb sollten vor allem Kleinkinder nur frisch gegarten Spinat essen. Auch roh schmeckt Spinat vorzüglich und ist eine ergiebige Vitaminquelle. Vor allem die zarten Blätter des Frühjahrs- und Sommerspinats eignen sich dafür.

Mangold ist reich an Folsäure, Beta-Carotin und Eisen. Man unterscheidet in Schnitt- und Stielmangold. Schnittmangold hat kleine Blätter und schmale Stiele, die Blätter werden im Ganzen verwendet. Die Blätter des Stielmangolds sind größer und haben fleischige, breite Stiele. Diese werden von den grünen Blatteilen entfernt und zerkleinert. Die Stiele müssen länger gegart werden als die Blätter.

Frische-Tip: Achten Sie stets auf knackig frische Blätter. Rippen und Stiele dürfen keine Verfärbungen zeigen. Bei Rosenkohl auf makellose Köpfchen ohne welke Deckblätter achten.

Blattgemüse, vor allem wenn es aus dem Treibhaus kommt, kann Nitrat enthalten. Dieses kann bei der Lagerung und im Körper des Menschen in Nitrit umgewandelt werden, mit Eiweiß Nitrosamine bilden und damit krebsfördernd wirken. Deshalb auf Treibhausware möglichst verzichten und Gemüse nicht länger als 2 Tage lagern. Ältere äußere Blätter nicht verzehren. Blanchieren kann den Nitratgehalt um die Hälfte reduzieren.

Blütengemüse

Artischocken zählen zu den besonders edlen Gemüsegenüssen. Sie haben nicht nur einen ausgezeichneten Geschmack, sondern auch innere Werte: Sie enthalten Inulin und sind so vor allem für Diabetiker empfehlenswert. Der Bitterstoff Cynarin sorgt für den typischen Geschmack und aktiviert die Drüsen des Verdauungssystems. Der Blütenboden und die fleischigen Blätter sind eßbar. Üblicherweise werden Artischocken in reichlich Wasser gekocht, sehr junge Artischocken können auch roh, in dünne Scheiben geschnitten, mit einer Vinaigrette serviert werden.

Blumenkohl zählt zu den Kohlgemüsen, ist aber verglichen mit seinen Verwandten besonders leicht verdaulich und bläht nicht. Er ist reich an Kalium. Lagern Sie Blumenkohl im Kühlschrank nicht zusammen mit Obst, denn dieses strömt ein Reifegas aus, das ihn schnell welken läßt.

Broccoli enthält reichlich Vitamin C und Beta-Carotin, Eisen, Kalium sowie Flavonoide, die zu den bioaktiven Substanzen zählen. Sie wirken gegen Krebs und bieten Schutz vor Umweltgiften. Bei der Vorbereitung die Röschen abtrennen. Die Stiele schälen und kreuzweise einschneiden, dann garen sie ebenso schnell wie die Röschen.

Frische-Tip: Artischocken dürfen keine trockenen, braunverfärbten Blätter, Blumenkohl und Broccoli keine gelben oder fleckigen Stellen haben.

Das Kochwasser von Artischocken, Blumenkohl und Broccoli sollten Sie auf keinen Fall weggießen, sondern für Suppen und Saucen verwenden. Es ist reich an Mineralien, vor allem an Kalium.

Artischocke

Fruchtgemüse

Auberginen sind roh unverträglich, sie werden deshalb stets erhitzt. Beim Anbraten in Fett saugen sie sich voll damit. Das Einölen und anschließende Grillen der Auberginenscheiben ist gesünder.

Die **Avocado** besteht bis zu 30 Prozent aus Fett und ist deshalb mit 228 Kalorien pro 100 g das kalorienreichste Gemüse. Das darin enthaltene Fett ist jedoch besonders reich an wertvollen Fettsäuren. Zudem enthält die Frucht reichlich Magnesium, Kalium, Vitamin E und B6. Das Fruchtfleisch der Avocado soll roh verzehrt werden. Zum einen, weil so die Inhaltsstoffe optimal erhalten bleiben, zum andern kann das Fruchtfleisch beim Erhitzen leicht bitter werden. Verwenden Sie nur reife, butterweiche Früchte.

Unreife Avocados können Sie in Zeitungspapier wickeln und bei Zimmertemperatur nachreifen lassen.

Fruchtgemüse ist in der Regel kälteempfindlich. Avocado, Aubergine, Kürbis und Zucchini können jedoch ohne weiteres im Gemüsefach des Kühlschranks aufbewahrt werden. Gurken sollten in Zeitungspapier eingewickelt werden, bevor sie ins Gemüsefach kommen. Tomaten bei Zimmertemperatur aufheben.

Stieltomaten

Gurken bestehen zu 97% aus Wasser. Wichtige Inhaltsstoffe wie Kalium und Carotinoide liegen direkt unter der Schale. Aus diesem Grund sollten Salatgurken nur gründlich gebürstet und mit Schale verzehrt werden. Diese Empfehlung gilt leider nur für Gurken aus ökologischem Anbau. Bei konventionell erzeugter Ware kann Chemie auf der Schale sein, dünnes Abschälen ist angebracht. Schmorgurken sind kürzer und dicker als die Salatgurken, sie werden geschält, entkernt und als Gemüse zubereitet.

Kürbis ist eine gute Quelle für das wertvolle Beta-Carotin, die orange Farbe weist bereits darauf hin. Außerdem enthält er Kalium, Eisen und Vitamin E. Bei uns ist hauptsächlich der Riesenkürbis, auch Speisekürbis im Handel. Große Kürbisse gibt es aufgeschnitten in Stücken zu kaufen.

Paprika ist Spitzenreiter in Sachen Carotinoiden und Vitamin C, das gilt vor allem für die roten Schoten. Roh sind sie am gesündesten. Grüne Paprika sind unreif geerntete Schoten und können vom Nährstoffgehalt her mit den roten nicht mithalten. Eine besonders milde Sorte sind die zartgrünen spitzförmigen Schoten, man bekommt sie häufig in türkischen Geschäften. Gehäutete Paprikas sind bekömmlicher.

Die Sortenvielfalt der **Tomaten** ist beachtlich: Runde Tomaten, Fleischtomaten, Kirschtomaten, Eiertomaten und Busch- oder Stieltomaten. Am gesündesten und aromatischsten sind Früchte, die an der Pflanze im Freiland voll ausgereift sind. Ein gutes Erkennungsmerkmal für sonnengereifte Tomaten: Sie lassen sich mühelos mit einem kleinen spitzen Messer häuten, ohne vorher blanchiert worden zu sein. Tomaten sind reich an Kalium, Magnesium, Carotinoiden und Vitamin C. Grüne Stellen enthalten gesundheitsschädliches Solanin, sie müssen herausgeschnitten werden. In zahlreichen Rezepten sorgen Tomatenkonserven für Farbe und Geschmack. Sie haben zwar einen Teil der Wirkstoffe verloren, sind jedoch gerade auch für die Zeit, in der es keine frische Ware gibt, eine sehr gute Alternative.

Zucchini gehören wie die Gurken zu den Kürbisgewächsen. Sie sind kalorienarm und enthalten Kalium, Magnesium und Eisen. Ob Sie gelbe oder grüne bevorzugen ist eine Frage der Optik, sie schmecken nicht unterschiedlich. Kleine Früchte haben allerdings mehr Geschmack als große.

Frische-Tip: Bevorzugen Sie Früchte, die sich prall anfühlen mit knackig grünem Stiel (Paprika) oder mit relativ frischen Blättchen am Stielansatz (Tomate). Die Schale muß unversehrt sein.

Fenchel ist das Gemüse mit dem höchsten Eisengehalt: 2,7 mg pro 100 g. Eisen wird vom Körper besonders gut zusammen mit Vitamin C aufgenommen, zum Beispiel mit Zitrusfrüchten.

Fenchel

Wurzel- und Knollengemüse

Fenchel bringt sein anisartiges Aroma und jede Menge Wirkstoffe in die Gemüseküche. Er weist Spitzenwerte bei Eisen, Carotinoiden, Vitamin C und Folsäure auf. Außerdem enthält er weitere B-Vitamine sowie Kalium und Magnesium. Die ätherischen Öle bewirken eine bessere Durchblutung der Schleimhäute und beruhigen einen nervösen Magen. Damit die Carotinoide vom Körper verwertet werden können, sollte Fenchel immer mit Öl oder Fett zubereitet werden. Am gesündesten ist Fenchel geraspelt und als Rohkost verzehrt. Auch die Blättchen liefern Nährstoffe.

Kartoffeln bestehen zu 18% aus Stärke und liefern so in Form von komplexen Kohlenhydraten wichtige Energie. Der Gehalt von 2% Eiweiß fällt zwar nicht allzusehr ins Gewicht, es handelt sich dabei jedoch um biologisch besonders hochwertiges Eiweiß, das vom Körper bestens verwertet werden kann. Gerade wenn auf Fleisch verzichtet wird, ist dies ein wichtiger Faktor. Kartoffeln mit Ei kombiniert liefern wertvolleres Eiweiß als Fleisch. Dabei sind Kartoffeln mit 70 Kalorien pro 100 g äußerst kalorienarm, denn sie enthalten kaum Fett. An weiteren Inhaltsstoffen stecken Kalium, Magnesium und Eisen in der Knolle. An Vitaminen hat die Kartoffel Vitamin C, B1, B2 und B6 zu bieten. Da ein großer Teil der Wirkstoffe direkt unter der Schale sitzt, wird empfohlen, Kartoffeln möglichst als Pellkartoffeln zu garen. Bei jungen Kartoffeln mit dünner Schale kann die Schale auch mitgegessen werden. Beim Einkauf sollten Sie berücksichtigen, daß junge Kartoffeln aus frischer Ernte mehr Vitamine als Lagerkartoffeln enthalten. Wichtig sind auch die Kocheigenschaften: **Festkochende Typen** wie Sieglinde, Hansa oder Nicola eignen sich vor allem für Kartoffelsalat. **Vorwiegend festkochende Kartoffeln** wie Christa, Grata oder Granola sind ideal für Salz- und Pellkartoffeln, aber auch für Folienkartoffeln und Gratins. **Mehligkochende Kartoffeln** wie Aula oder Datura sind für Püree, Knödel, Suppen oder Eintopfgerichte die Richtigen.

Bei **Kohlrabi** sollten Sie kleinere Knollen bevorzugen, größere können holzig sein. Das zarte Gemüse mit dem leichten Nußgeschmack enthält vor allem Kalium, Magnesium, Eisen und Carotinoide. Verwenden Sie auf jeden Fall auch die zarten Blättchen, denn sie sind besonders vitamin- und mineralstoffreich.

Knollensellerie und Staudensellerie sind beide reich an Kalium, Calcium sowie an den Vitaminen B6 und Niacin. Verwenden Sie beim Staudensellerie auf jeden Fall auch die wirkstoffreichen Blätter.

Möhren sind die ergiebigste Quelle für Beta-Carotin. Da es nur zusammen mit Fett aufgenommen werden kann, sollte man der Rohkost oder dem Gemüse etwas Öl bzw. Butter hinzufügen. Außerdem sind Möhren reich an Eisen und Folsäure. Ein weiteres Plus des Gemüses ist der Ballaststoff Pektin. Er wirkt reinigend im Darm, in dem er Schadstoffe entfernt. Am wirkungsvollsten sind Möhren roh oder kurz gedünstet. Auch bei Möhren sitzt das Beste unter der Schale, geben Sie deshalb Möhren aus ökologischem Anbau den Vorzug, dann müssen sie nur noch gut gewaschen, abgebürstet oder geschabt werden.
Rettich und Radieschen bekommen ihren scharfen Geschmack durch die Senföle. Diese schwefelhaltigen Verbindungen sind äußerst gesund, denn sie wirken antibiotisch, reinigend und sollen sogar den Cholesterinspiegel senken. An bioaktiven Substanzen stecken in Rettich und Radieschen Phenolsäuren, die als Waffen gegen Krebs gelten. Bei Sommerrettich und Radieschen reicht waschen und bürsten. Winterrettich mit seiner schwarzen Haut muß dünn geschält werden.
Rote Bete ist ein wahrer Gesundbrunnen. Sie besitzt reichlich Eisen und Folsäure und wirkt deshalb blutbildend. Daß sie schon lange als Mittel gegen Krebs gilt, liegt an den bioaktiven Wirkstoffen, die in der roten Bete enthalten sind, den Flavonoiden. Sie schützen die Zellen. Bevorzugen Sie ökologisch gewachsene rote Bete, denn die enthält weniger Nitrat. Üblicherweise wird rote Bete gekocht und weiterverarbeitet. Probieren Sie das Gemüse auch mal geschält, roh geraspelt und mariniert mit einem milden Dressing aus Sahne und Zitronensaft. So nimmt Ihr Körper die Wirkstoffe besonders gut auf.
Schwarzwurzeln ähneln in Sachen Nährstoffen dem Spargel. Zusätzlich enthalten sie reichlich Inulin, was die Wurzeln zum idealen Gemüse für Diabetiker macht. Zum Schälen sollten Sie Gummihandschuhe tragen, denn der Milchsaft der Schwarzwurzeln verfärbt sonst die Hände. Schwarzwurzeln lassen sich außerdem besser im Wasser schälen.
Die **Steckrübe**, auch **Kohlrübe** genannt, ist vermutlich eine Kreuzung aus Kohlrabi und Herbstrübe. Der Geschmack ist leicht süßlich und erinnert etwas an Rettich, das liegt an den Senfölen, die sehr gesund sind. Außerdem enthalten die Rüben viel Kalium, Calcium und Folsäure. Wählen Sie gelbfleischige Sorten, denn in diesen steckt zusätzlich wertvolles Beta-Carotin.

Frische-Tip: Wurzeln als auch Knollen sollen stets unbeschädigt sein. Bei Rüben, die mit Kraut angeboten werden, darauf achten, daß die Blättchen knackig grün sind und keinesfalls trocken und gelb.

Das Kraut an Bundmöhren und Radieschen sieht zwar dekorativ aus, sollte jedoch vor der Lagerung im Kühlschrank abgeschnitten werden. Es entzieht dem Gemüse Feuchigkeit und Nährstoffe.

Radieschen

Sproßgemüse

Spargel enthält vor allem Kalium und Eisen sowie die Vitamine E, B2, Niacin und Folsäure. Der Eiweißstoff Asparagin gibt ihm den typischen Geschmack. Grüner Spargel schmeckt würziger und enthält mehr Vitamine als der weiße. Außerdem braucht er nicht geschält zu werden und ist schneller gar.
Bambussprossen, auch Bambusschößlinge genannt, sind die jungen Sprossen und Triebe immergrüner Gräser aus Ostasien. Sie finden vor allem in der fernöstlichen Küche Verwendung. Frische Bambussprossen sind bei uns selten zu bekommen. Bambussprossen als Hälften, Streifen, Würfel oder Stücke in Dosen werden häufig in Asienläden und Supermärkten angeboten.

Frische-Tip: Spargel sollte gerade Stangen, feste geschlossene Köpfe und frische Schnittenden haben.

Lassen Sie Spargelstangen mit holzigen, faserigen oder gar schimmeligen Enden liegen.

Grüner Spargel

Zwiebelgemüse

Die Zwiebelgemüse aus der Familie der Liliengewächse erkennt man am typischen intensiven Geruch und Geschmack. Dieser weist auf den bestimmenden Inhaltsstoff, das Allicin hin. Die schwefelhaltige Verbindung ist nicht nur der Grund für die Tränen beim Schneiden von Zwiebelgemüse, sie macht Zwiebeln zu äußerst gesunden Lebensmitteln. Denn Allicin wirkt antibakteriell, hemmt die Blutgerinnung und senkt so das Thrombose- und Infarktrisiko.
Der **Lauch**, auch Porree genannt, bildet zwar keine Zwiebel, gehört jedoch zur Lilienfamilie. Er ist reich an Eisen sowie an den Vitaminen B1, B6 und Folsäure. Sommerlauch ist feiner und zarter im Geschmack und hat eine kürzere Garzeit als der derbere Herbst- und Winterlauch.
Knoblauch beugt der Arterienverkalkung vor. Er enthält besonders reichlich Allicin, das ihm auch eine wunderbare Würzkraft verleiht. Unerhitzt ist die Gesundheitswirkung am größten. Knoblauch gibt es mit weißen oder rosafarbenen Häuten, die Knollen mit den rosafarbenen Häutchen sind die aromatischeren.

Die Wirkstoffe der Zwiebel kommen am besten roh zur Geltung. Zwiebeln immer frisch schälen und schneiden, sonst verfliegen Wirk- und Aromastoffe frühzeitig.

Frühlingszwiebeln

Zwiebeln zeigen sich in ihrer Auswahl recht vielseitig, jede Sorte hat ihr eigenes Gesicht. Eine Universalzwiebel ist die **Haushaltszwiebel**. Ihr Geschmack ist scharf-würzig. Ist im Rezept Zwiebel angegeben, dann ist sie gemeint. **Frühlingszwiebeln** haben nur eine kleine Zwiebel ausgebildet und lange grüne Blätter, die in Ringe geschnitten mitverwendet werden können. Manchmal wird auch die Lauchzwiebel Frühlingszwiebel genannt. Sie hat keine richtige Zwiebel ausgebildet und sieht aus wie junger Lauch. Die **Gemüsezwiebel** ist groß, rund und mild im Geschmack. Sie ist ideal zum Schmoren, Grillen und Füllen, aber auch für Salate. **Rote Zwiebeln** schmecken mild-würzig und leicht süßlich. Sie eignen sich besonders gut für Salate. Rote Zwiebeln sind nicht lagerfähig und sollten deshalb rasch aufgebraucht werden. Die **Schalotte** ist die edelste der Zwiebeln. Sie ist klein und meist birnenförmig. Das weiße bis violettfarbene Fleisch zeichnet sich durch ein besonders intensives pikant-würziges Aroma aus.

Frische-Tip: Lauch, Frühlings- und Lauchzwiebeln sollten an den Zwiebelansätzen und Blättern frisch aussehen. Alle anderen Zwiebeln müssen fest und trocken sein.

Pilze

Pilzeiweiß ist empfindlicher als Fleischeiweiß und zersetzt sich schnell. Deshalb immer nur frische Pilze verwenden. Reste von einem frisch zubereiteten Pilzgericht können ohne Bedenken im Kühlschrank aufbewahrt und nochmals erhitzt werden.

Austernpilze

Steinpilze

Pilze bringen geschmackliche Abwechslung in die vegetarische Küche und werten sie durch ihre Nähr- und Wirkstoffe auf. Dabei zählen Pilze mit weniger als 20 Kalorien pro 100 g zu den kalorienarmen Eßvergnügen. Vor allem der relativ hohe Eiweißgehalt, er liegt zwischen 1–3 g pro 100 g Pilzen, spielt bei den fleischlosen Rezepten eine Rolle. Außerdem sind Pilze eine wertvolle Quelle für Kalium und Eisen. Auch ihr Gehalt an Vitamin B1 und B2 kann sich sehen lassen. Bei der Vorbereitung die Pilze nur kurz abbrausen, auf keinen Fall im Wasser liegen lassen, sonst saugen sie sich wie ein Schwamm voll. Bei Zuchtpilzen reicht meist schon das Abreiben mit Küchenpapier und ein Nachschneiden der Stiele.

Der **Austernpilz**, auch Austernseitling oder Kalbfleischpilz genannt, stammt stets aus Kulturzuchtbetrieben. Die Pilze wachsen nicht einzeln, sondern in Trauben, ähnlich wie Austernbänke. Das weißliche Fleisch zeichnet sich durch einen feinen Geschmack aus, der an Waldpilze erinnert. Die kurzen Stiele sollten Sie nicht verwenden, sie sind meist zäh.

Champignons sind die am häufigsten angebotenen Zuchtpilze. Man unterscheidet weiße und braune Formen. Die braunen heißen auch Egerlinge, sie schmecken sehr aromatisch und sind etwas robuster als die weißen. Verpackte Ware zu Hause sofort öffnen.

Pfifferlinge, auch Rehlinge genannt, zählen zu den beliebtesten Speisepilzen. Man kann sie nicht kultivieren. Die im Handel angebotenen Pilze stammen häufig aus Osteuropa.

Shiitake-Pilze stammen ursprünglich aus dem Fernen Osten. Die Zuchtpilze sind das ganze Jahr über frisch zu bekommen. Sehr beliebt sind sie auch als Trockenpilze, dann werden sie unter dem Namen **Tongkupilze** in asiatischen Geschäften und gut sortierten Supermärkten angeboten.

Steinpilze gehören zu den wohlschmeckendsten Waldpilzen, das Fleisch schmeckt angenehm nußartig. Sie können nicht kultiviert werden und sind manchmal schwer zu bekommen. Eine gute Alternative sind getrocknete Pilze. Diese werden vorher eingeweicht. Das Einweichwasser kann mitverwendet werden, denn es enthält Aromastoffe. Allerdings muß es vorher gefiltert werden, da es sandig sein kann.

Frische-Tip: Austernpilze sollten unversehrte Hüte haben, alte Exemplare riechen fischähnlich. Champignons und Egerlinge sollten möglichst geschlossene Hüte und helle Lamellen besitzen. Junge kleine Pfifferlinge bevorzugen – sie müssen wie auch Shiitake- und Steinpilze völlig trocken und fest sein.

Tiefkühl-Gemüse

Tiefgefrorenes Gemüse nicht auftauen lassen, sondern unaufgetaut zubereiten, da beim Auftauen unnötig Vitamine verloren gehen.

Wer nicht immer die Zeit und die Möglichkeit hat, frisches Gemüse zu kaufen, für den ist tiefgekühltes Gemüse eine prima Alternative. Mittlerweile ist das Angebot recht vielseitig. Blattspinat, Rosenkohl, Broccoli, Bohnen und Erbsen gibt es in jedem Supermarkt. Der Vitamin- und Mineralstoffgehalt steht dem frischen Gemüse keinesfalls nach, ganz im Gegenteil. Broccoli aus der Tiefkühltruhe enthält zum Beispiel weitaus mehr Vitamine als einer, der bereits mehrere Tage unter dem Licht in der sogenannten Frischgemüse-Abteilung liegt. TK-Gemüse wird in der Regel in sehr frischem Zustand direkt nach der Ernte blanchiert und eingefroren. Manche Wirkstoffe werden nach dem Kälteschlaf sogar besser vom Körper aufgenommen als von frischer Ware, zum Beispiel das Eisen aus dem Spinat. Ein weiterer Vorteil von TK-Gemüse: Es ist küchenfertig vorbereitet, Verlesen, Waschen und Putzen entfällt – das spart Zeit.

SAISONKALENDER FÜR GEMÜSE, SALATE UND PILZE

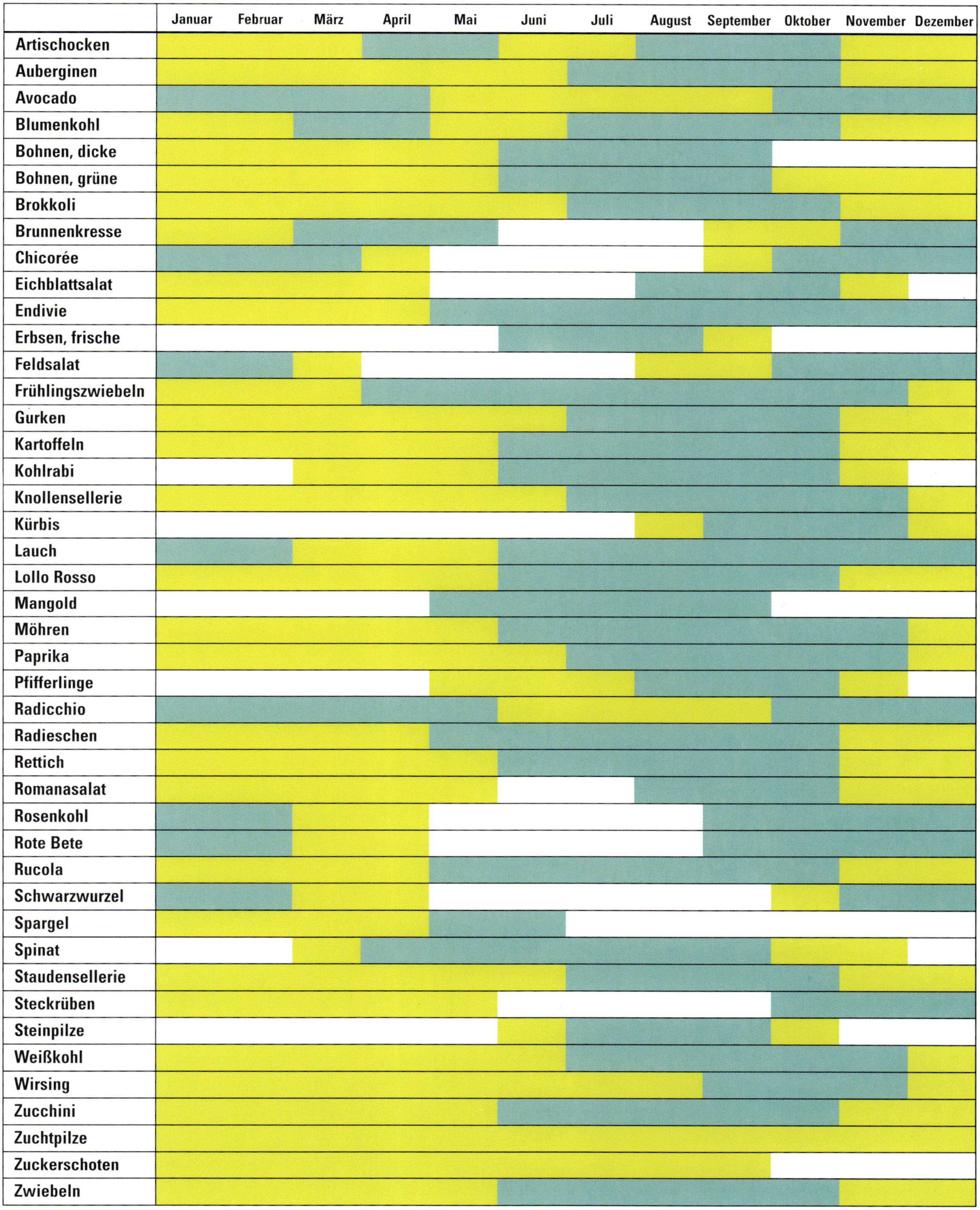

Reichlich im Angebot, meist aus einheimischem Freilandanbau (Ausnahme Artischocken und Avocados – hier handelt es sich stets um Importware, bedeutet hier besonders großes Angebot)

Wird angeboten, jedoch handelt es sich um Ware aus Import, Treibhaus oder Lager

BLATTSALATE

Der Vitamin- und Mineralstoffgehalt nimmt bei Blattsalaten von außen nach innen ab. Deshalb bei Freilandware nicht nur das zarte Herz verwenden, sondern auch die kräftigeren Außenblätter.

Ein Bummel über den Wochenmarkt zeigt es: Das Angebot an Blattsalaten ist mittlerweile sehr groß geworden, und der gute alte Kopfsalat hat längst äußerst köstliche Konkurrenz bekommen. Egal für welche Sorte Sie sich entscheiden, der Salat muß stets frisch und knackig aussehen. Ein gutes Frischemerkmal ist die Schnittfläche des Strunks, ist diese schon bräunlich bis schwarz verfärbt, dann wurde der Salat bereits länger gelagert. Bevorzugen Sie stets Freilandsalat der Saison, denn Salat aus dem Treibhaus enthält häufig viel Nitrat und wenig Vitamine.
Die Salat-Vitamine, zum Beispiel das Vitamin C, sind äußerst licht- und luftempfindlich und werden sehr schnell abgebaut. Deshalb auch den frisch eingekauften Salat möglichst bald verbrauchen. Eine Lagerung kommt nur kurzfristig in Frage, dabei verlangsamen kühle Temperaturen und Dunkelheit die Abbauvorgänge. Wickeln Sie Ihren Salat locker in einen Plastikbeutel, möglichst perforiert, und verstauen Sie ihn im Gemüsefach des Kühlschranks.
Bei der Vorbereitung von Blattsalaten sollten Sie Strunk und Rippen der Blätter entfernen, denn hier ist der Nitratgehalt am höchsten. Waschen Sie die Salatblätter im Ganzen in stehendem Wasser, erst danach zerkleinern, das erhält Vitamine. Die Blätter sollten möglichst trocken sein, bevor sie angemacht werden, sonst verwässert die Salatsauce. Das Trocknen funktioniert am besten mit einer Salatschleuder.

Feldsalat

Eichblattsalat gehört zu den Schnitt- und Pflücksalaten, die besondere Form der Blätter gibt ihm den Namen. Der Salat hat einen zart nussigen Geschmack und ist ideal für feine Vorspeisen. Wählen Sie einen nicht zu großen Salat aus, die ideale Größe liegt bei 125 bis 150 g.

Bei der **Endivie** unterscheidet man zwei Typen: die glatte Form, auch **Escariol** genannt und die gekrauste Spielart **Frisée**. Da Endivie wie Radicchio zur Familie der Zicchorie gehört, schmecken die Blätter leicht bitter. Diese Bitterstoffe stimulieren die Verdauungssäfte und regen deshalb den Appetit an.

Feldsalat ist ein typischer Wintersalat. Er hat einen besonders hohen Gehalt an Eisen und enthält reichlich Vitamin C und Carotinoide. Die kleinblättrige Sorte mit dunkelgrünen Blättern ist am aromatischsten, der nußartige Geschmack am ausgeprägtesten. Hier wird die ganze Rosette verwendet, während bei der großblättrigen Sorte einzelne Blätter verwendet werden. Bei verpacktem Feldsalat sollten Sie darauf achten, daß die Verpackung nicht zu dicht ist, denn darin welkt und vergilbt der Salat besonders schnell. Zu Hause den Salat gleich locker in einem Plastikbeutel ins Gemüsefach des Kühlschranks legen. Feldsalat muß besonders gründlich gewaschen werden, da er meist sandig ist.

Gartenkresse schmeckt solo oder vermischt mit anderen Blattsalaten. Der pikant- scharfe rettichartige Geschmack ist ein Hinweis auf die Senföle, die in der Kresse enthalten sind. Diese wirken krebsvorbeugend. Außerdem steckt in Kresse jede Menge Eisen und Kalium sowie B6, Folsäure und Vitamin C.

Radicchio di Treviso

Brunnenkresse zählt zu den typischen Wildsalaten, wird aber auch mittlerweile kultiviert. Die zarten Blattriebe müssen naß transportiert werden und halten sich nicht länger als einen Tag. Auch Brunnenkresse ist reich an den gesunden Senfölen, aber auch an Eisen, Vitamin B6 und Folsäure.

Das besondere am **Lollo Rosso** sind die stark gekrausten, rötlichen Blätter. Eine Variante ist der hellgrüne **Lollo Biondo**, der nicht ganz so herzhaft im Geschmack ist, wie der rote Salat. Lollo muß nach dem Waschen besonders gut getrocknet werden, denn in den Blättern sammelt sich reichlich Wasser.

Radicchio gehört wie die Endivie zu den Zicchorien und schmeckt deshalb auch etwas bitter. Vor allem die Außenblätter enthalten reichlich Bitterstoffe. Wem sie zu stark schmecken, der legt sie kurz in lauwarmes Wasser – das entzieht die Bitterstoffe, dabei gehen allerdings auch Vitamine und Mineralstoffe baden. Runde Sorten **(Radicchio di Verona)** enthalten weniger Bitterstoffe als längliche **(Radicchio di Treviso)**. Radicchio schmeckt auch sehr gut gegrillt oder gedünstet, allerdings werden dabei die B-Vitamine und die Folsäure etwas reduziert.

Romana, auch unter dem Namen Römischer Salat bekannt, ist ein Verwandter des Kopfsalats, hat jedoch einen herzhafteren, leicht herben Geschmack. Die Blätter sind sehr robust und behalten auch zusammen mit warmen Zutaten ihre Festigkeit.

Rucola, auch Rauke oder Roquette genannt, gibt es mittlerweile in jedem Supermarkt zu kaufen. Das Kraut, das in Italiens und Südfrankreichs Küchen zu Hause ist, gedeiht jedoch auch gut im Balkonkasten oder im Garten. Nur die jungen, zarten Blätter ernten, die älteren sind zäh. Der Geschmack der gefiederten, grünen Blätter erinnert an Nüsse und Rettich. Rucola schmeckt roh, kombiniert mit anderen Salaten oder solo. Aber auch kurz gedünstet entfaltet er seinen feinen Geschmack.

KRÄUTER

Frische Kräuter sind eine ergiebige Quelle von Mineralstoffen und Vitaminen. Ihre ätherischen Öle verleihen den Gerichten Aroma und verströmen einen Duft, der einem das Wasser im Munde zusammen laufen läßt. Tatsächlich regen viele von ihnen den Appetit an, machen manche Speisen leichter verdaulich und wirken positiv auf das gesamte Wohlbefinden. Zarte frische Kräuter entfalten ihre Wirkung am besten, wenn sie frisch gehackt über das fertige Gericht gestreut werden. Robustere und getrocknete Kräuter werden in der Regel miterhitzt. Getrocknete Kräuter sollten Sie vor dem Zugeben zwischen den Handflächen zerreiben, dann werden die Aromastoffe besser aufgeschlossen.

Die meisten Kräuter werden mit Wurzelballen im Topf angeboten. Ernten Sie bevor die Blüte beginnt, dann ist das Aroma am intensivsten.

Basilikum sollte möglichst frisch, in feine Streifen geschnitten, über das fertige Gericht gestreut werden. Beim Erhitzen büßt es Aroma und Wirkstoffe ein. Tiefgefrorenes oder getrocknetes Basilikum ist nicht zu empfehlen, die Aromaverluste sind zu groß. Kleinblättrige Sorten sind am aromatischsten. Neben seinem intensiven Aroma bietet Basilikum einen erfreulichen Nebeneffekt: Das Kraut regt den Appetit an und wirkt beruhigend auf einen nervösen Magen.

Bohnenkraut verströmt ein intensives Aroma nach Thymian und Minze und schmeckt pfeffrig, aus diesem Grund wird es auch Pfefferkraut genannt. Bohnenkraut entfaltet frisch, tiefgefroren und getrocknet seine Würzkraft und schmeckt nicht nur zu Bohnen, sondern paßt auch vorzüglich zu Kartoffeln, kräftigen Gemüseragouts und -suppen. Es hilft außerdem, blähendes Gemüse wie Kohl und Hülsenfrüchte leichter zu verdauen.

Dill schmeckt am besten frisch. Die zart gefiederten Blättchen sind das klassische Gurkengewürz, sie passen aber auch sehr gut zu Quark, Rohkost, roter Bete und Avocado. Das Kraut mit dem feinen Anisaroma regt die Magenfunktion an.

Kerbel hat besonders zarte Blättchen, die am besten unerhitzt verwendet werden, um ihr anisartiges Aroma zu behalten. Die Stiele dagegen können erhitzt werden.

Korianderkraut verleiht den Gerichten einen asiatischen oder mexikanischen Touch. Nur sparsam dosieren, der Geschmack ist äußerst intensiv und ungewöhnlich und damit nicht jedermanns Sache.

Majoran entfaltet frisch und getrocknet sein kräftiges Aroma und verliert es auch beim Erhitzen nicht. Es paßt zu Kartoffeln und Hülsenfrüchten und macht Gerichte bekömmlicher.

Minze schmeckt am besten frisch und unerhitzt. Getreidegerichten wie Couscous, Gemüsegerichten oder Desserts gibt es eine erfrischende Note.

Oregano, auch wilder Majoran oder Dost genannt, ist vor allem in der Mittelmeerküche typisch. Ob frisch oder getrocknet, Oregano sollte zur vollen Aromaentfaltung stets erhitzt werden. Er fördert den Appetit und die Verdauung.

Petersilie paßt zu allen Salaten und Gemüsegerichten. Die glatte Form ist aromatischer als die krausblättrige und deshalb vorzuziehen. Am besten schmeckt Petersilie frisch über das Gericht gestreut. So entfaltet sie ihren Geschmack am besten und die Vitamine und Mineralstoffe bleiben gut erhalten. Petersilienblätter sind besonders reich an Eisen, Vitamin B6, Folsäure und Vitamin C. Die Stiele keinesfalls wegwerfen, sie können prima in Saucen und Suppen mitgekocht werden und so Aroma verbreiten.

Rosmarin spielt vor allem bei südeuropäischen Gemüsegerichten eine Rolle. Er wird frisch oder getrocknet mitgegart und entfaltet bereits in kleinsten Mengen seine Würzkraft. Getrockneter Rosmarin schmeckt schärfer und bitterer als frischer. Rosmarin regt die Durchblutung an.

Schnittlauch würzt vor allem Suppen, Quark und Saucen. Nicht mitkochen, sonst verliert er sein feines zwiebelartiges Aroma und den hohen Gehalt an Vitamin B6. Schnittlauch schmeckt nur frisch, getrocknet und tiefgekühlt hat er kaum Aroma.

Thymian gibt vielen Mittelmeergerichten den typischen Geschmack. Ob frisch oder getrocknet, er entfaltet wie Oregano erst beim Erhitzen sein Aroma. Thymian paßt besonders gut zu mediterranen Gemüsegerichten mit Paprika und Auberginen sowie zu Pilzen. Er wirkt außerdem verdauungsfördernd.

Zitronenmelisse

Zitronenmelisse verleiht Salaten, Saucen und leichten Gemüsegerichten einen feinen Zitronengeschmack. Die Blättchen nur frisch verwenden und nicht erhitzen. Sparsam dosieren, denn das Aroma ist äußerst intensiv.

GEWÜRZE

Sie verleihen vegetarischen Gerichten besonderes Aroma und manchmal auch Farbe. Frisch gemahlen, zerstoßen oder gerieben entfalten die meisten Gewürze den intensivsten Geschmack. Viele von ihnen haben einen positiven Nebeneffekt, sie machen Speisen leichter bekömmlich oder regen die Verdauung an. Falls Sie Gewürze bereits gemahlen kaufen, sollten Sie sich nur geringe Mengen zulegen, denn das Aroma verflüchtigt sich allzu rasch.

Zum Mahlen von Gewürzkörnern verwenden Sie am besten eine Pfeffermühle. Zum Zerstoßen einen Mörser; oder Sie geben die Körner in einen Plastikbeutel und zerdrücken sie mit dem Messerrücken oder einer Schöpfkelle. Zum Reiben von Muskatnüssen gibt es preisgünstige Muskatreiben. Für Ingwer eignet sich eine Zitronenreibe.

Cayennepfeffer verleiht jedem Gericht eine intensive Schärfe, deshalb vorsichtig dosieren. Er wird aus gemahlenen roten Chilischoten hergestellt und ist besonders reich an dem Scharfmacher Capsaicin, der in Kernen und Scheidewänden der Chilischoten sitzt. Capsaicin regt den Kreislauf an und hat eine antibakterielle Wirkung. Weitere Produkte mit Chilischoten als Basis: **Tabasco**, eine scharfe Essig-Würzsauce, die es im Supermarkt gibt und **Harissa**, eine scharfe Würzpaste aus Nordafrika, meist in ausländischen Läden zu bekommen.

Ingwer verleiht asiatischen Rezepten einen scharf-würzigen Geschmack. Frischer Ingwer schmeckt am intensivsten. Von der Wurzel ein Stück abbrechen und schälen, je nach Rezept reiben oder fein würfeln. Der restliche Ingwer hält sich im Kühlschrank etwa 10 Tage, tiefgekühlt mehrere Monate. Wer keinen frischen Ingwer bekommt, verwendet Ingwerpulver. Ingwer regt den Appetit an und ist gut gegen Magenbeschwerden. **Kardamom** stammt ebenfalls aus der Familie der Ingwergewächse, hier wird die Würzkraft der Fruchtkapseln genutzt. Bei uns ist das Gewürz meist gemahlen im Handel, es schmeckt süßlich. Ein weiterer Vertreter aus der Ingwerfamilie ist das **Kurkuma**, auch Gelbwurz genannt, das als Pulver im Handel ist. Der Geschmack des leuchtend gelb färbenden Pulvers ist brennend-würzig und leicht bitter.

Muskatnuß hat ein zartes Aroma. Es kommt frisch gerieben am besten zur Geltung. Der Geschmack der **Muskatblüte**, auch Macis genannt, ist noch feiner. Muskatblüte ist gemahlen im Handel.

Zitronengras

Nelken gehören zur Familie der Myrtengewächse. Sie kommen als ganze Nelken, das sind die unreifen Blütenknospen der Pflanze, oder gemahlen in den Handel. Der Geschmack ist feurig-würzig. Nelken fördern den Appetit, die Verdauung und die Durchblutung und wirken antibakteriell.

Paprika gewinnt man aus getrocknetem Gewürzpaprika. Die Schärfe ist umso intensiver, je höher der Anteil der Samen und Scheidewände im Pulver ist. Delikateß- und Edelsüß-Paprika sind milde Varianten und können großzügig verwendet werden, sie verleihen dem Gericht einen rötlichen Farbton. Rosenpaprika schmeckt sehr scharf und sollte nur sparsam dosiert werden. Die Wirkung ist ähnlich wie bei Cayennepfeffer, der Scharfmacher ist auch hier das Capsaicin.

Piment, auch Nelkenpfeffer genannt, paßt zu süßen und pikanten Gerichten. Er wird in ganzen Körnern, manchmal auch zerdrückt zu den Gerichten gegeben, ist aber auch als Pulver im Handel. Der Geschmack erinnert tatsächlich an Nelken, Pfeffer und Lorbeer.

Kümmel hat einen leicht scharfen, süßlichen Geschmack, er erinnert an Anis. Die Samen kommen meist ungemahlen zum Einsatz und sind ein beliebtes Gewürz für Kohl- und Zwiebelgerichte. Nicht ohne Grund, denn sie erleichtern die Verdauung und lindern Blähungen. **Kreuzkümmel**, auch Cumin genannt, hat geschmacklich nichts mit dem Kümmel zu tun. Er schmeckt stark-würzig und leicht bitter. Das exotische Gewürz hat einen intensiven Geschmack und sollte vorsichtig dosiert werden.

Safran wird in Handarbeit aus den getrockneten Blütennarben einer Krokusart gewonnen und ist deshalb ziemlich teuer. Das gelborange bis dunkelrote Gewürz verleiht nicht nur Farbe, sondern auch einen würzig-bitteren Geschmack. Safran gibt es in kleinsten Mengen in Tütchen oder Döschen als Fäden oder Pulver zu kaufen. Die Fäden vor dem Untermischen in heißem Wasser auflösen.

Muskatnüsse

Schabziger Klee wird auch Brotklee genannt und ist als Samen oder gemahlen als Pulver im Reformhaus erhältlich. Geruch und Geschmack sind sehr intensiv und erinnern an Liebstöckel und Bockshornklee, der ein Bestandteil indischer Currymischungen ist. Er paßt sehr gut zu Möhren und Kohlrabi.

Tandoori-Gewürz ist eine pulverförmige Gewürzmischung aus Indien. Sie besteht meist aus Paprika, Koriander, Kreuzkümmel und Ingwer.

Zitronengras hat kantig verdickte Halme, in denen sich reichlich ätherische Öle mit Zitronengeschmack verbergen. Meist läßt man Stücke dieser Halme im Gericht mitkochen und entfernt sie danach. Es gibt auch Zitronengras-Pulver, Sereh genannt. Gras und Pulver sind in Asienläden erhältlich.

NÜSSE, SAMEN UND FRÜCHTE

Nüsse und Samen

Ob über Gemüse oder Salat gestreut, Nüsse und Samen geben vegetarischen Gerichten nicht nur den knackigen Biß, sondern werten das Essen mit reichlich Fett und Eiweiß auf. Dabei enthalten sie wertvolle, mehrfach ungesättigte Fettsäuren, Vitamin E, B-Vitamine und Mineralstoffe.

Kürbiskerne sind die Samen einer besonderen Kürbissorte. Es gibt sie im Reformhaus und Supermarkt zu kaufen. Sie sind reich an der lebensnotwendigen Linolsäure, einer mehrfach ungesättigten Fettsäure. **Mandeln** sind besonders reich an Vitamin E. Wer die äußere Haut entfernen möchte, blanchiert sie kurz in kochend heißem Wasser, danach löst sich die Haut bestens. **Mohn** ist meist ungemahlen im Handel, für die meisten Rezepte braucht man ihn aber gemahlen. Wer keine Mohnmühle hat, kann im Reformhaus, Bioladen oder Spezialgeschäft darum bitten, die blau-schwarzen Samen zu mahlen. Sie sind stark ölhaltig und werden deshalb schnell ranzig. Darum den Mohn stets frisch mahlen und rasch verbrauchen. Die kleinen Samen sind eine gute Eisenquelle.
Pinienkerne sind ziemlich teuer, da die Samenkerne der Pinienzapfen recht schwierig zu gewinnen sind. Leicht geröstet schmecken sie besonders gut. **Pistazien** sind dank ihrer grünen Farbe sehr dekorativ. Sie enthalten besonders viel Kalium. Sie sind mit und ohne Schale, gesalzen und ungesalzen im Handel. **Sesamsamen** verleihen den Gerichten einen nußartigen Geschmack. Bemerkenswert ist der hohe Gehalt an Eisen und Magnesium. Sesamsamen gibt es geschält und ungeschält in gut sortierten Supermärkten, im Reformhaus und Naturkostladen. Schwarzen Sesam bekommt man in türkischen Geschäften. **Sonnenblumenkerne** sind besonders reich an mehrfach ungesättigten Fettsäuren, Vitamin B1, B6 und Folsäure. Verwenden Sie sie deshalb ruhig großzügig. **Walnußkerne** liefern jede Menge Vitamin E und enthalten von allen Nüssen die meisten mehrfach ungesättigten Fettsäuren. Da die Haut etwas bitter schmeckt, sollte sie entfernt werden.

Durch kurzes Rösten gewinnen Nüsse und Samen zusätzlich an Geschmack. Hierfür werden sie kurz in einer Pfanne ohne Fett geröstet und dabei immer wieder hin und hergerüttelt.

Pinienkerne

Pistazien

Mandeln

Früchte

Früchte zählen zu den gesündesten Süßigkeiten. Sie enthalten reichlich Vitamin B und C, Mineralstoffe wie Kalium, Eisen und Calcium sowie sogenannte bioaktive Substanzen wie Beta-Carotin. Mindestens 200 bis 250 g frisches Obst sollten Sie täglich genießen, so lautet die Empfehlung der Deutschen Gesellschaft für Ernährung. Frisches, rohes Obst ist am wertvollsten. Konservenware enthält zuviel Zucker, wichtige Vitamine wurden durch das Erhitzen zerstört. Trockenobst ist dagegen sehr zu empfehlen. Die Nährstoffe sind hier durch das Trocknen und den geringeren Wassergehalt konzentriert. Der Gehalt an Fruchtzucker, Mineralstoffen und Ballaststoffen ist besonders hoch, auch der Kaloriengehalt ist entsprechend höher.

Zum **Kernobst** rechnet man Äpfel und Birnen. Der Vitamingehalt der Äpfel schwankt je nach Sorte. Birnen sind milde Früchte und wirken beruhigend auf einen übersäuerten Magen.

Steinobst: Dazu gehören Aprikosen, Kirschen, Nektarinen, Pfirsiche, Pflaumen und Zwetschgen. Aprikosen eignen sich für Desserts gleichermaßen wie für pikante Gerichte. Dabei sind sie sehr gesund, denn sie enthalten reichlich Kalium, Eisen und Beta-Carotin. Kirschen enthalten viele B-Vitamine. Pfirsiche und Nektarinen unterstützen die Entschlackung, Pflaumen und Zwetschgen haben eine abführende Wirkung, besonders wenn man sie im getrockneten Zustand ißt.

Beeren und Trauben: Ob Himbeeren, Erdbeeren oder Johannisbeeren, Beeren enthalten von allen Obstsorten die meisten wertvollen Inhaltsstoffe. Eine gute Alternative im Winter sind tiefgekühlte Beeren. Trauben wirken durch ihren hohen Gehalt an Traubenzucker als Muntermacher bei Müdigkeit.

Zitrusfrüchte sind besonders reich an Vitamin C und bringen eine feine fruchtige Säure ins Gericht. Wird die Schale, in der die meisten ätherischen Öle enthalten sind, mitverwendet, sollten Sie auf jeden Fall unbehandelte Früchte kaufen. Da diese jedoch besonders leicht schimmeln, Orangen und Zitronen mit unbehandelter Schale am besten im Gemüsefach des Kühlschranks aufbewahren.

Exoten sind besonders im Winter eine wichtige Vitaminquelle. Von Ananas (Vitamin B1) über Bananen (Vitamine A, E, B1, B2, B6, Folsäure) bis hin zu Kiwi (Vitamin C), Mango (Vitamine A, C) und Papaya (Vitamine A, C) – die Auswahl an köstlichen Exoten ist groß.

Aprikosen und Pflaumen sind als Trockenobst sehr beliebt. Um zu verhindern, daß sich die Früchte beim Trocknen braun verfärben, werden sie geschwefelt. Wer auf Schwefel allergisch reagiert, sollte zu ungeschwefeltem Trockenobst aus dem Reformhaus oder Bioladen greifen.

HÜLSENFRÜCHTE

Das Eiweiß der Hülsenfrüchte wird noch wertvoller, wenn es mit Getreideeiweiß kombiniert wird. Günstige Eiweißkombinationen sind: Hülsenfrüchte plus Reis, Mais oder Brot.

Die Samen der schotentragenden Pflanze aus der Familie der Schmetterlingsblütler vereinigen alle Eigenschaften, die sie zum wahrlich idealen modernen Lebensmittel machen: Sie enthalten hochwertiges Eiweiß, manche über 20%, was gerade für Menschen, die wenig oder kein Fleisch essen, besonders von Bedeutung ist. Sie liefern wichtige Energie in Form von Stärke und nur geringe Spuren von Fett. Dabei sind sie wahre Vitamin- und Mineralstoffbomben. Vor allem bei den B-Vitaminen, allen voran Vitamin B1, erreichen sie Spitzenwerte. Bei den Mineralstoffen bieten sie Kalium, Magnesium und Eisen in reichlichen Mengen. Außerdem stecken in ihnen bioaktive Stoffe wie Saponine und Phytinsäure. Beide galten bisher als schädlich, neue wissenschaftliche Untersuchungen bringen jedoch ganz neue Aspekte ans Licht. Saponine wirken gegen Krebs, senken den Blutzuckerspiegel und bekämpfen Bakterien, Viren und Pilze. Phytinsäure kann den Blutzuckerspiegel regulieren und Entzündungen hemmen. Schon lange ist bekannt, daß in Hülsenfrüchten jede Menge Ballaststoffe stecken, die einen besonders guten Einfluß auf die Darmtätigkeit ausüben. In getrockneter Form kann man sie gut ein Jahr aufbewahren. Bei so vielen guten Eigenschaften sollten Hülsenfrüchte einen höheren Stellenwert in unserer Ernährung bekommen.

Prinzeßbohnen

Bohnen

Dicke Bohnen, auch Puffbohnen oder Kernbohnen genannt, werden in Hülsen und als Kerne angeboten. Um 100 g Bohnenkerne zu erhalten, braucht man 400 g Hülsen. Die Kerne sollten möglichst bald, spätestens nach 2 Tagen aufgebraucht werden, die Hülsen halten sich bis zu zwei Wochen im Gemüsefach. Dicke Bohnen sind besonders ballaststoffreich und daher relativ schwer verdaulich. Es gibt sie außer in frischer Form auch noch getrocknet, tiefgekühlt und als Konserven. **Grüne Bohnen** zählen eigentlich zum Gemüse, gehören aber zur Familie der Hülsenfrüchte. Eine feine Gemüsebeilage sind die **Prinzeßbohnen**, auch beliebt für Gemüsemischungen. Diese Sorte hat kurze Hülsen, sie wird jung und zart gepflückt und ähnelt den extrem dünnen **Keniabohnen**. Kleine zarte grüne Bohnen werden im Ganzen verwendet. Längere Bohnen wie zum Beispiel **Stangenbohnen** werden nach dem Waschen zerkleinert. Grüne Bohnen halten sich im Gemüsefach des Kühlschranks höchstens zwei Tage. Wichtig: Grüne Bohnen dürfen keinesfalls als Rohkost verzehrt werden. Sie enthalten den giftigen Eiweißstoff Phasin. Aus diesem Grund die Bohnen stets garen!

Kidney- und weiße Bohnen gibt es auch fertig gegart in Dosen zu kaufen. Sie sind ebenfalls reich an Inhaltsstoffen. Die Bohnen aus der Konserve vor der weiteren Verarbeitung auf einem Sieb abgießen und mit kaltem Wasser abbrausen.

Getrocknete Bohnen

Die Vielfalt der getrockneten Bohnen ist riesig. **Weiße Bohnen** sind die getrockneten Bohnen, die bei uns am häufigsten angeboten werden. Sie kochen in der Regel weicher als die bunten Bohnen und eignen sich besonders gut für Suppen und Pürees. Die kleinen weißen Bohnen sind leichter verdaulich als die großen weißen **Limabohnen**. **Kidneybohnen**, auch Rote Bohnen genannt, erinnern geschmacklich und von der weichen Konsistenz her ein wenig an Eßkastanien. Die kleinen **schwarzen Bohnen** sind innen ganz weiß und schmecken leicht süßlich. **Sojabohnen** spielen in der Weltproduktion die größte Rolle. Ihr Eiweißanteil ist mit 36% besonders hoch, das Eiweiß gilt als biologisch hochwertig. Außerdem sind sie wichtige Fettlieferanten, sie enthalten 17% Fett, davon ist der größte Teil mehrfach ungesättigt.

Sojabohnen

Sojabohnenprodukte

Sojabohnen sind selten als solche im Handel, meist werden sie verarbeitet. Produkte aus Sojabohnen sind Sojaöl, Lezithin, Sojamehl und **Tofu**, ein Sojabohnenquark. Tofu wird aus gekochten, pürierten und filtrierten Sojabohnen hergestellt. Die dabei entstehende Milch wird ähnlich wie bei der Käseherstellung zum Gerinnen gebracht und anschließend gepreßt. Das rein pflanzliche Eiweiß ist gesund, außerdem ist Tofu kalorienarm und cholesterinfrei. Besonders aromatisch schmeckt geräucherter Tofu. Tofu und weitere Sojaprodukte gibt es im Reformhaus und Bioladen. Auch die **Sojasauce** wird auf Basis der Bohnen hergestellt. Diese werden vergoren und fermentiert. Beim Reifeprozeß entwickelt sich das Aroma. Die meisten Sojasaucen, die im Handel sind, entstanden nicht durch lange Reifung, sondern werden mit Hilfe von Säure hergestellt. Man unterscheidet helle und dunkle Sojasauce. Die helle ist milder im Geschmack, die dunkle schmeckt kräftiger und ist meist mit Zuckercouleur gefärbt. Japanische Sojasauce, auch Shoyu genannt, besteht nicht nur aus Sojabohnen, sondern auch aus Weizen und Gerste.

Schwarze Bohnen

HÜLSENFRÜCHTE UND GETREIDE

Erbsen

Bei den frischen **grünen Erbsen** unterscheidet man drei Typen: die leicht mehligen **Schalerbsen**, auch Palerbsen genannt, und die süßlichen **Markerbsen**, beide werden als Schoten angeboten und müssen ausgepalt werden. Um 100 g Erbsen zu bekommen, benötigen Sie etwa 300 g Schoten. Bei den **Zuckerschoten** entfällt das Auspalen, sie werden im ganzen gegessen, hier werden nur die Enden abgeknipst. Bei den **getrockneten Erbsen** werden geschälte und ungeschälte angeboten. Die ungeschälten sind nährstoffreicher. Geschälte sind leichter verdaulich und das Einweichen entfällt. Beim Schälen zerfallen viele Erbsen in zwei Hälften. Diese werden als Splittererbsen verkauft. Der Nährwert ist wie bei den geschälten, der Preis ist niedriger. Die Farbe gelb oder grün sagt nichts über die Qualität aus. **Kichererbsen** sind besonders reich an den Spurenelementen Eisen, Zink, Kupfer und Jod. Sie schmecken als Gemüse und als Salat. Kichererbsen gibt es auch in Form von Mehl, es hat einen leicht nussigen Geschmack und ist in der indischen Küche beliebt. Praktisch sind Kichererbsen aus der Dose, vor allem, wenn man nur eine kleine Menge benötigt, lohnt sich das Selberkochen kaum.

Eine große Auswahl von getrockneten Bohnen, Erbsen und Linsen gibt es in ausländischen Geschäften, im Reformhaus oder Naturkostladen. Achten Sie beim Kauf darauf, daß die Samen sauber, glatt und glänzend sind und keine Löcher oder dunkelscheinende Stellen haben, denn das ist ein Hinweis auf Schädlingsbefall.

Linsen

In der Küche der Mittelmeerländer, des nahen Ostens und Indiens spielen Linsen eine große Rolle. Sie sind reich an wertvollem Eiweiß, Kalium und B-Vitaminen. Auch bei uns werden unterschiedliche Sorten angeboten: Einen besonders feinen Geschmack haben die **roten Linsen**, sie sind gespalten und besonders schnell gar. Nach dem Kochen haben sie ihre schöne rote Farbe verloren und sind gelblich. Die kleinen dunklen grün-grauen **Puy-Linsen** sind eine Spezialität aus der französischen Auvergne und haben einen ausgezeichneten Geschmack. Auch sie garen schnell, bleiben gut in Form und sind wegen ihrer feinen Schale sehr bekömmlich. Die größeren grünen **Berglinsen** und die kleinen **braunen Linsen** haben einen kräftigen Geschmack und benötigen eine längere Garzeit.

Markerbsen

Getreide

Getreide leistet für die gesunde Ernährung einen wichtigen Beitrag, denn es enthält wesentliche Nähr- und Wirkstoffe. So stecken in einem Getreidekorn zwischen 60 und 70% Kohlenhydrate in Form von Stärke, etwa 11% wertvolles Eiweiß und nur 2% Fett. 10% fallen auf die wichtigen Ballaststoffe. Das volle Korn und die Produkte daraus sind am wertvollsten. Denn sie enthalten auch die äußeren Randschichten und genau da stecken die Mineralstoffe Eisen, Magnesium, Calzium, die Vitamine der B-Gruppe, vor allem Vitamin B1 und Niacin sowie die verdauungsfördernen Ballaststoffe. Weißmehl und Weißbrot hingegen enthalten nur noch einen Bruchteil der wertvollen Inhaltsstoffe. Die Getreidekörner können im Ganzen verwendet werden, etwa als Beilage oder Hauptzutat. Aber auch zerkleinert gibt es viele Einsatzmöglichkeiten. Gemahlenes Getreide bezeichnet man allgemein als Schrot. Hierbei unterscheidet man Mehl (feines Schrot), Grieß (mittleres Schrot) und Grütze (grobes Schrot).

Kichererbsen

Weizen und die Produkte daraus sind besonders reich an Vitamin B1 und B6. Vitamin B1 ist ein wichtiger Zündstoff im Energie-Stoffwechsel, Vitamin B6 wird für die Blutbildung gebraucht. Weizen ist das am häufigsten eingesetzte Getreide, es wird in zahlreichen Produkten angeboten. Orientieren Sie sich beim Kauf von Mehl an der Type – je höher, desto vollwertiger und gesünder. Eine hohe **Mehltype** bedeutet, besonders viele Kornbestandteile wurden vermahlen, das heißt der Anteil an Mineralien, Vitaminen und Ballaststoffen ist besonders hoch. Weizenmehl wird in Typen von 405 bis 1700 angeboten. Reines Vollkornmehl ist ohne Typenzahl, es enthält sämtliche Bestandteile des Korns und ist deshalb am wertvollsten. Optimal ist es natürlich frisch gemahlen.
Grieß ist eine gröberer Mahlstufe als Mehl. Aus dem vollen Korn gemahlen heißt es **Vollkorngrieß**, es ist sogar im Supermarkt erhältlich. **Hartweizengrieß** wird aus dem speziellen Durumweizen hergestellt, es gibt ihn im Supermarkt. **Bulgur** ist grob geschroteter Weizen, der bereits vorgegart wurde. **Couscous** ist ein spezieller feiner Grieß aus Weizen, manchmal auch aus Hirse und stammt ursprünglich aus Nordafrika. Dort wird er in speziellen Töpfen gedämpft. Bei uns gibt es bereits vorgedämpften Couscous-Grieß zu kaufen, dieser muß nur noch in kochendes Wasser eingerührt werden und quellen. Bulgur und Couscous gibt es in ausländischen Geschäften, in Reformhäusern und Bioläden. Ein spezielles Produkt ist die Thermo-Grütze. Hierbei handelt es sich um geschrotetes Getreide, das sanft wärmebehandelt wurde, deshalb verkürzt sich die Garzeit. **Dinkel** ist die Urform des Weizens. Dinkelgerichte schmecken leicht nussig und sind reich an B-Vitaminen. **Grünkern** ist halbreif geernteter Dinkel, der durch Darren einen würzigen Röstgeschmack bekommt. Dinkel als auch Grünkern kann man als ganze Körner, grobes Schrot oder Mehl verwenden, beides gibt es in Reformhäusern, Naturkostläden und Mühlen zu kaufen. **Gerste** wird vor allem in Form von Graupen in der Küche verarbeitet, das sind die geschliffenen, polierten Gerstenkörner, auch Perlgraupen genannt. Gerste ist besonders reich an Kieselsäure sowie an Schleimstof-

Ganze Getreidekörner trocken, luftig und kühl lagern. Frisch gemahlenes Schrot stets sofort aufbrauchen. Bei gekauften Mahlprodukten das Haltbarkeitsdatum beachten.

GETREIDE, REIS UND NUDELN

Amaranth, Buchweizen und Quinoa sind ähnlich gesund wie Getreide. Man kann sie im Naturkostladen oder Reformhaus kaufen.

fen, die Magen und Darm gut tun. Graupen gibt es in Bioläden, Reformhäusern und Supermärkten. Hafer wird bei uns hauptsächlich in Form von feinen oder groben **Haferflocken** eingesetzt. Diese sind besonders reich an Eisen und Vitamin E. **Hirse** ist ein besonders kleinkörniges Getreide und deshalb sehr schnell gar. Die gelben Körnchen sind äußerst gesund, da sie jede Menge Eisen, Magnesium und B-Vitamine enthalten. Hirse schmeckt in süßen und pikanten Gerichten. **Mais** ist die Basis für feines Maismehl sowie für feinen Maisgrieß, auch Polentagrieß genannt. Grober Maisgrieß ist auch unter dem Namen Kukuruz im Handel. Maisgrieß und Maismehl gibt es im Supermarkt, Naturkostladen oder Reformhaus.

Folgende Produkte sind ähnlich reich an Inhaltsstoffen, haben aber botanisch gesehen nichts mit Getreide zu tun: **Amaranth** sind die winzigen Körner der purpurroten Amaranthpflanze aus Südamerika. Er enthält biologisch hochwertiges Eiweiß und reichlich Kalzium. Es gibt ihn im Naturkostladen oder Reformhaus. **Buchweizen** ist von der Botanik her ein Knöterichgewächs. Er wird meist grob geschrotet als sogenannte Grütze verwendet. **Quinoa**, man spricht Kinwa, ist eine Pflanze aus den Anden mit kleinen, hirseähnlichen Körnern. Quinoa zeichnet sich durch besonders hochwertiges Eiweiß aus.

Natur-Langkornreis

Risottoreis

Wilder Reis

Reis

Nach der Form des Korns unterscheidet man Langkorn- , Mittelkorn- und Rundkornreis. Bei uns wird der **Langkornreis** am häufigsten verwendet, besonders gängig und preiswert ist der **Patnareis**. Edle Langkornsorten sind **Basmati** aus Indien und **Duftreis** aus Thailand. Eine wichtige **Mittelkorn-Reissorte** ist der **Risottoreis** aus Italien, besonders bekannte Sorten sind **Arborio** und **Vialone**. Risottoreis nimmt beim Kochen besonders viel Flüssigkeit auf. Richtig gegart ist er außen weich und im Kern bißfest. Der **Camargue-Reis** ist typischerweise ein **Rundkornreis** und saugt beim Garen reichlich Flüssigkeit auf, sein Geschmack ist angenehm nussig. Ein typischer Rundkornreis ist auch der stärkereiche **Milchreis**, der gerne für Süßspeisen verwendet wird. Sämtliche Reistypen werden unterschiedlich verarbeitet angeboten. Am gesündesten ist der **Vollkornreis** oder **Naturreis**. Das ungeschälte Korn enthält sämtliche Vitamine, vor allem B1, B6 und Niacin sowie Eisen und Magnesium. Dem polierten Reis hingegen fehlt die gehaltvolle Randschicht. **Parboiled Reis** ist eine besondere Verarbeitungsform. Der Reis ist zwar geschält, Vitamine und Mineralstoffe, die beim Schälen verloren gehen, bleiben hier durch ein spezielles Dampfverfahren aber erhalten. **Wildreis**, auch Wasser- oder Indianerreis genannt, ist eine ursprünglich wilde Grasart aus Kanada, sie wird mittlerweile kultiviert. Die schwarzen Körner schmecken nussig. Wildreis ist ziemlich teuer und wird manchmal unter andere Reissorten gemischt.

Eiernudeln enthalten bis zu 15% Eiweiß. In Kombination mit anderen eiweißhaltigen Zutaten wie Käse oder Hülsenfrüchten wird es für den Körper besonders gut verwertbar.

Nudeln

Die Vielfalt der Nudeln ist schier unendlich groß. Sie unterscheiden sich in Form und Farbe, aber auch in ihren Inhaltsstoffen. Die Grundzutaten sind stets gemahlenes Getreide, Wasser und Salz. Nudeln enthalten wichtige Inhaltsstoffe und sind daher gesund. In Italien gibt es vor allem **Pasta ohne Ei**. Sie sind aus Hartweizengrieß, bleiben beim Kochen schön fest und sind cholesterinfrei. In Sachen Formen zeigen die Italiener besonders viel Phantasie: lange Tagliatelle, kurze Rigatoni, breite Lasagneblätter – um nur wenige Beispiele zu nennen. Teigwaren aus Deutschland sind meist mit Ei zubereitet: **Eiernudeln** enthalten pro kg Mehl oder Grieß mindestens 2 1/4 Hühnereier oder Eigelbe. In Eiernudeln mit hohem Eigehalt sind mindestens 4 Eier pro kg Mehl, Eiernudeln mit besonders hohem Eigehalt bringen es auf mindestens 6 Eier. In Eiernudeln stecken mehr Kalorien und mehr Cholesterin.

Farfalle

Besonders reich an wertvollen Inhaltsstoffe sind die **Vollkornnudeln**, erkennbar an ihrer bräunlichen Farbe. Der Gehalt an Mineralstoffen wie Kalium, Magnesium und Eisen ist besonders hoch, ebenso der Gehalt an Vitaminen der B-Gruppe. Vollkornnudeln gibt es im Reformhaus, Bioladen und im Supermarkt. Auch in Asiens Küchen spielen Nudeln eine wichtige Rolle. Typisch sind die **Reisnudeln**, bestehend aus Reismehl und Wasser, von Spaghetti- bis Bandnudelbreite erhältlich. Sie sind nach wenigen Minuten gar und dürfen nach dem Kochen nicht zu lange stehen, sonst werden sie wieder hart. Die asiatischen Reisnudeln nicht mit den türkischen oder griechischen Reisnudeln verwechseln: Diese haben nur Reisform, werden aber ähnlich wie die europäischen Teigwaren aus Weizenmehl hergestellt. **Buchweizennudeln**, auch Soba-Nudeln genannt, haben einen besonders würzigen Geschmack.

Milchprodukte

Milchprodukte wie Joghurt, Sahneprodukte und Käse spielen bei allen, die wenig oder kein Fleisch essen, eine besondere Rolle. Denn darin steckt jede Menge hochwertiges Eiweiß. Weitere wichtige Inhaltsstoffe sind Calcium, Vitamin B2 und Vitamin A. Wer auf die Figur achtet, sollte auch den Fettgehalt beachten.

Fett i. Tr. heißt Fett in der Trockenmasse und bedeutet, daß der absolute Fettgehalt niedriger ist, da der Wasseranteil miteinkalkuliert werden muß. Zwei Beispiele: Camembert mit 45% Fett i. Tr., enthält tatsächlich nur 22,5%, ein Speisequark mit 40% i. Tr. hat absolut nur 12% Fett.

Produkte aus sauergelegter Milch oder Sahne bringen Cremigkeit und ein fein-säuerliches Aroma in die Gerichte. **Joghurt** entsteht durch spezielle Milchsäure-Bakterien aus der Milch. Je nach Fettgehalt wird in Magermilch-Joghurt (0,3% Fett) und Vollmilch-Joghurt (3,5% Fett) unterschieden. Ob ein Joghurt sauer oder eher mild schmeckt, hängt von der Art der Milchsäurekulturen ab. **Süße Sahne** ist der sich von der Milch abgesetzte Fettanteil. Der Fettgehalt liegt zwischen 30 und 34%. **Saure Sahne**, **Schmand** und **Crème fraîche** werden aus Sahne hergestellt und mit Milchsäurebakterien gesäuert. Sie unterscheiden sich in Fettgehalt, Geschmack und Konsistenz. Saure Sahne hat einen Fettgehalt von mindestens 10%, Schmand enthält 24%, Crème fraîche bringt es auf 30% Fett. Der Fettgehalt von **Crème double** liegt über 40%. Je höher der Fettgehalt, desto fester und cremiger ist die Konsistenz und desto vollmundiger und weniger sauer ist der Geschmack.

Frischkäse wird aus dickgelegter Milch hergestellt. Produkte daraus sind **Quark**, den es von Magerquark (2% Fett i. Tr.) bis Sahnequark (40% Fett i. Tr.) gibt. Rahmfrischkäse ist fester als Quark und hat 50% Fett i. Tr., Doppelrahmfrischkäse (60% F. i. Tr.) ist noch fester. **Ricotta** ist ein italienischer quarkähnlicher Käse aus Schafs- und Kuhmolke. Er ist in gut sortierten Supermärkten erhältlich. **Mascarpone**, ein italienischer Doppelrahmfrischkäse aus Kuhmilch, besteht fast zu 50% aus Fett. Auch **Mozzarella** ist ein italienischer Frischkäse. Er stammt ursprünglich aus Kampanien, wo er aus Büffelmilch hergestellt wird. Der abgepackte Mozzarella, der in unseren Supermärkten als Rolle, große oder kleine Kugeln angeboten wird, ist jedoch meist aus Kuhmilch. Er hat kein ausgeprägtes Aroma. An der Käsetheke im Feinkosthandel oder in italienischen Geschäften bekommt man den echten Mozzarella aus Büffelmilch, der viel kräftiger im Geschmack ist. Ebenfalls aus der Mozzarella-Familie: der **Scamorza**, ein birnenförmiger Käse, der sehr aromatisch schmeckt, wenn er geräuchert ist. Besonders pikant schmeckt Frischkäse aus Ziegenmilch. Zu den Weichkäsen zählen Feta und Gorgonzola. Der **Feta**, der bei uns im Handel ist, besteht meist aus einer Mischung von Kuh- und Schafmilch. Er reift in einer Salzlake. Feta läßt sich nicht reiben, sondern nur zerbröckeln.

Greyerzer

Pecorino

Gorgonzola ist ein cremiger Blauschimmelkäse mit kräftigem, scharf pikantem Geschmack mit Ursprung in der Lombardei. Mit fast 50% Fett i. Tr. ist er sehr gehaltvoll. Gorgonzola löst sich gut auf und eignet sich bestens für Käsesaucen. **Gouda** ist ein Schnittkäse aus Kuhmilch, ursprünglich aus den Niederlanden. Er wird in drei Reifestufen angeboten. Je älter der Käse, desto fester wird er. Die Palette der Hartkäse ist groß. Sie lassen sich alle gut reiben und schmecken würzig pikant. Populär ist der **Emmentaler**, an seinen Löchern zu erkennen, die bei der Gärung durch Kohlensäuregas entstehen. Der milde aromatische, leicht nußkernartige Geschmack paßt zu vielen Gerichten. Die Herstellung des **Greyerzers**, in Frankreich auch als Gruyère de Comté bekannt, ähnelt der des Emmentalers. Greyerzer hat jedoch einen viel intensiveren Geschmack und die wenigen Löcher erreichen höchstens Erbsengröße. **Kefalotiri** ist ein bekannter pikanter griechischer Hartkäse. **Parmesan** ist der würzige Käseklassiker aus Italien. Den echten erkennt man am Aufdruck »Parmigiano Reggiano« auf der Rinde, er reifte mindestens 18 Monate. **Pecorino**, ebenfalls aus Italien, ist ein Hartkäse, der meist aus Schafmilch hergestellt wird. **Provolone**, der italienischer Hartkäse aus Kuhmilch, ist meist in Kugel- oder Birnenformen im Handel.

Provolone

Eier

Eier sind wegen ihres Cholesteringehalts leider in Verruf geraten, sie enthalten jedoch auch viele wünschenswerte Inhaltsstoffe. Eiweiß enthält reichlich Kalium, Natrium, Chlor und Schwefel, dagegen kaum Fett und Kohlenhydrate. Eigelb besteht zu einem Drittel aus Fett, darunter Cholesterin und Lezithin, beides wichtige Substanzen für den allgemeinen Stoffwechsel. Es hat außerdem einen hohen Vitamin- und Mineralstoffgehalt. Der hohe Anteil an Eisen von 7,2 mg pro 100 g ist für die vegetarische Ernährung wichtig und in der Kombination mit Kartoffeln besonders wertvoll. Die Rezepte in diesem Buch werden mit Eiern der **Größe M** zubereitet, wenn nichts anderes angegeben wird. Diese entsprechen der früheren Gewichtsklasse 3 und wiegen 60–65 g. Falls Sie sehr große Eier gekauft haben, nehmen Sie entsprechend weniger. Wer Eiern von Hühnern aus Freilandhaltung den Vorzug gibt, unterstützt damit den Tierschutz und bekommt Eier mit gutem Geschmack.

Beachten Sie beim Kauf das Mindesthaltbarkeitsdatum. Frische Eier erkennen Sie beim Aufschlagen. Sie haben einen hoch gewölbten Dotter.

KÜCHENTECHNIK

Welches ist die günstigste Garmethode für Gemüse? Müssen alle Hülsenfrüchte eingeweicht werden? Was ist beim Garen von Getreide zu berücksichtigen? Hier bekommen Sie wichtige Hinweise für die Vor- und Zubereitung von Gemüse und Co. Beherzigen Sie die Tips den Vitaminen und Mineralstoffen zuliebe in Ihrer alltäglichen Küchenpraxis. Denn schließlich sollten möglichst viele Wirk- und Nährstoffe auf Ihrem Teller landen.

So vermeiden Sie Nährstoffverluste

Sauerstoff, Licht, Hitze und Wasser sind die Feinde von Vitaminen und Mineralstoffen. So halten Sie die Verluste in Grenzen:

- Ihr Gemüse bringen Sie so frisch wie möglich in den Topf.
- Bereiten Sie Grünzeug und Co. erst kurz vor dem Garen vor. Sind sie erst mal angeschnitten, bieten sie dem Sauerstoff aus der Luft eine gute Angriffsfläche. Empfindlich sind vor allem die Vitamine A, C, D, E, B1 und Folsäure.
- Waschen Sie das Gemüse kurz aber gründlich und immer erst vor dem Zerkleinern und nicht schon Stunden vorher. Schrubben Sie Wurzelgemüse und Kartoffeln ordentlich mit einer Gemüsebürste. Das Gemüse auf keinen Fall im Wasser liegen lassen. Verwenden Sie stets ganz kaltes Wasser.
- Schälen Sie Wurzel- und Knollengemüse wie Kohlrabi oder Möhren mit einem Sparschäler. Bei Bio-Möhren reicht auch Schrubben und Schaben.
- Zerkleinern Sie das Gemüse nicht zu stark und legen Sie es danach auf keinen Fall in Wasser. Am besten zügig arbeiten und sofort garen.
- Wählen Sie nährstoffschonende Garmethoden und halten Sie die Garzeiten lieber zu kurz als zu lang.
- Verwenden Sie, wenn möglich, das Garwasser mit.
- Halten Sie Gemüsegerichte niemals warm, denn das ist das Aus für die sensiblen B-Vitamine und Vitamin C. Besser: Das Gemüse möglichst schnell abkühlen lassen und bis zum Wiederaufwärmen in den Kühlschrank stellen.

Dünsten

Hier gart das Gemüse bei mäßiger Hitze im eigenen Saft unter Zugabe von wenig Flüssigkeit und Fett. Meist wird das Gemüse zuerst in wenig Fett angedünstet, anschließend kommt etwas Flüssigkeit, etwa Wasser oder Gemüsebrühe, dazu.

Geräte

Alle Töpfe mit gut schließendem Deckel und dickem Boden, etwa einem sogenannten Sandwichboden mit perfekter Wärmeleitfähigkeit sind geeignet. Bei Töpfen hochwertiger Qualität kann die Kochstelle schon 5–10 Min. vor Garende abgeschaltet werden. Das spart Energie.

Geeignet für

alle Gemüsesorten, besonders gut für wasserreiche wie Tomaten, Pilze, Zucchini, Paprikaschoten, Spinat.

Beurteilung

Dünsten ist die ideale Garmethode für Gemüse, denn die wasserlöslichen Vitamine und Mineralstoffe werden kaum herausgelöst und die Aromastoffe bleiben so bestens erhalten.

Tips für die Praxis

- Das Gemüse schmeckt besonders gut, wenn Sie im erhitzten Fett zunächst Zwiebelwürfel glasig werden lassen und dann erst das Gemüse dazugeben.
- Schneiden Sie das Gemüse in möglichst gleich große Stücke, damit es gleichmäßig gart.
- Geben Sie das Gemüse tropfnaß in den Topf, das erübrigt fast eine weitere Flüssigkeitszugabe.

Dämpfen

Das bedeutet Garen im Wasserdampf. Hierfür gießt man etwa 3 cm hoch Flüssigkeit in einen Topf, das Gemüse kommt in einen Einsatz darüber. Im geschlossenen Topf die Flüssigkeit zum Kochen bringen. Das Gemüse gart bei mittlerer Hitze im aufsteigenden Wasserdampf.

Geräte

Es gibt spezielle Dämpftöpfe, die aus einem Untertopf und einem Obertopf mit gelochtem Boden bestehen. Sie können aber jeden herkömmlichen gut schließenden Topf hernehmen und eine zur Topfgröße passende flache gelochte Siebeinheit hineinstellen. Es eignet sich der gelochte Einsatz vom Schnellkochtopf genauso wie ein flexibler Dämpfeinsatz, den es für wenig Geld im Kaufhaus gibt.

Geeignet für

Gemüsesorten wie Blumenkohl, Broccoli, Kohlrabi, Möhren, Wirsing, Zuckerschoten. Auch für Gemüsepäckchen oder Kartoffeln.

Beurteilung

Dies ist die sanfteste Art des Garens. Im Wasserdampf bei etwa 100° C behält das Gemüse Vitamine und Mineralstoffe außerordentlich gut. Der Eigengeschmack bleibt bestens erhalten, das spart Salz. Das Gemüse hat Farbe und Biß. Dämpfen ist fettfrei, deshalb kalorienarm.

Tips für die Praxis

- Die Dämpfflüssigkeit mit Kräutern, Gewürzen oder Wein aromatisieren.
- Die Dämpfflüssigkeit für Saucen und Suppen verwenden.
- Den Topf zwischendurch nicht öffnen, sonst entweicht der Dampf.

Kochen

Beim Kochen wird das Gemüse in reichlich siedendem Wasser gegart. Eine Sonderform ist das **Blanchieren.** Hierbei wird das Gemüse nur wenige Minuten im sprudelnden Wasser gekocht, dann sofort in Eiswasser abgekühlt, um den Garprozeß zu beenden. Blanchieren ist geeignet, wenn das Gemüse danach weiter verarbeitet wird, zum Beispiel vor dem Einfrieren oder für einen Auflauf.

Geräte

Ein Kochtopf passender Größe. Er sollte nicht zu klein sein, denn je geräumiger der Topf, desto größer ist die kochende Wassermenge und desto weniger sinkt die Temperatur, wenn das Gemüse hineingegeben wird.

Geeignet für

Spargel, Artischocken, Blumenkohl. Außerdem für alle Gerichte, bei denen die Garflüssigkeit mitgegessen wird, wie etwa bei Suppen und Eintöpfen.

Beurteilung

Diese Garmethode ist am wenigsten nährstoffschonend. Die wasserlöslichen Vitamine, Mineralstoffe und Aromastoffe werden stark ausgelaugt und gehen ins Kochwasser über. Das Blanchieren (s. o.) hingegen erhält die Farbe und einige Nährstoffe, es verkürzt die spätere Garzeit.

Tips für die Praxis

- Das Gemüse erst ins sprudelnd kochende Wasser geben, sonst laugt es bereits vorher aus.
- Das Gemüse nicht bis zum Ende sprudelnd kochen. Nach dem Ankochen auf niedriger Stufe weiterkochen, das schont hitzeempfindliche Vitamine etwas und spart Energie.

Im Schnellkochtopf

Im Schnellkochtopf herrscht Überdruck, dadurch werden höhere Temperaturen erreicht und das Gargut ist schneller fertig. Man unterscheidet zwischen Druckkochen, wobei das Lebensmittel im Wasser gart, und Druckdämpfen, wobei es im Wasserdampf gart.

Geräte
Ein Schnellkochtopf mit zwei Garstufen, einer Schonstufe I für Gemüse und einer Stufe II für Hülsenfrüchte usw. Bei Stufe I werden meist Temperaturen zwischen 104–190° C erreicht.

Geeignet für
Gemüse wie Bohnen, Broccoli, Fenchel, Kartoffeln, Kohlrabi. Nicht geeignet für zartes Gemüse wie Blattspinat, Zucchini, Chicoree. Gemüse stets druckdämpfen, nicht kochen!

Beurteilung
Das Dämpfen des Gemüses in der Schonstufe ist von den Nährstoffverlusten vergleichbar mit dem Dämpfen im normalen Kochtopf ohne Druck. Durch die kürzere Garzeit sparen Sie Zeit und Strom.

Tips für die Praxis
- Halten Sie sich genau an die angegebenen Garzeiten in Ihrer Bedienungsanleitung. Sonst wird das Gemüse zu weich und verliert zu viele Nährstoffe.
- Damit sich genug Dampf bilden kann, muß genug Flüssigkeit im Topf sein, in der Regel gut 1/4 Liter. Genau wie beim Dämpfen ohne Druck können sie die Dämpfflüssigkeit mit Kräutern, Gewürzen oder Wein aromatisieren.

In der Mikrowelle

Mikrowellen sind elektromagnetische Wellen, die direkt in das Gargut eindringen und dort die Wasser-, Fett- und Zuckermoleküle in Schwingungen bringen. Durch die entstehende Reibung der Moleküle wird die Wärme im Lebensmittel selbst erzeugt. Der Garraum bleibt kalt, das Gargefäß erwärmt sich durch die Hitze des Lebensmittels. Das Gemüse gart unter Zugabe von wenig Wasser.

Geräte
Zum Garen von Gemüse eignet sich jedes gängige Mikrowellengerät. Als Geschirr können Sie Gefäße aus Glas, Glaskeramik, Porzellan oder glasiertem Steingut verwenden, möglichst runde, flache Formen. Geschirr mit Silber-, Gold- oder Metallauflage ist ungeeignet.

Geeignet für
alle Gemüsearten.

Beurteilung
Gemüse gelingt in der Mikrowelle sehr gut, der Einsatz der schnellen Wellen lohnt jedoch nur für kleine Mengen, etwa für 1–2 Portionen. Die Nährstoffe bleiben ähnlich gut erhalten wie beim Dämpfen oder Dünsten im herkömmlichen Kochtopf.

Tips für die Praxis
- Das Gemüse möglichst kreisförmig anordnen und zugedeckt garen.
- Bei Pellkartoffeln die Schale einstechen, sonst platzt sie.
- Das Gemüse während des Garens ein- bis zweimal umrühren, damit sich die Hitze gleichmäßig im Gericht verteilt.

Backen

Das ist Garen in heißer Luft bei Temperaturen, die meist zwischen 150 und 200° C liegen. Das Gemüse kommt in Alufolie oder Pergamentpapier eingewickelt in den vorgeheizten Backofen. Auch das Gratinieren oder Überbacken ist eine Möglichkeit der Zubereitung im Ofen. Hierfür wird das vorgegarte Gemüse mit Butterflöckchen und/oder Käse bestreut und knusprig überbacken.

Geräte
Dicke Alufolie, Pergamentpapier oder eine Auflaufform.

Geeignet für
alle Gemüsearten wie Bohnen, Auberginen, Zucchini, meist in Verbindung mit anderen Zutaten wie Kartoffeln oder Nudeln.

Beurteilung
Da das Gemüse im eigenen Saft dünstet, dämpft, schmort oder bäckt, gilt diese Methode als nährstoffschonend. Es kommt zu keinen Verlusten von wasserlöslichen Vitaminen oder Mineralstoffen durch Auslaugen. Zudem bilden sich Röst- und Aromastoffe, die für einen guten Geschmack sorgen.

Tips für die Praxis
- Alufolie und auch Pergament mit Butter einfetten.
- Die Alufolie stets mit der glänzenden Seite nach innen und der matten nach außen verwenden.
- Sparsam salzen, großzügig mit Kräutern würzen.

Grillen

Beim Grillen wird durch starke Einwirkung von heißer Strahlung oder durch Kontakt mit einer Grillfläche gegart und gebräunt. Die Temperaturen liegen um 250° C. Das Grillgut wird vorher mit Öl bepinselt.

Geräte
Es gibt viele Möglichkeiten. Sie können in einer Grillpfanne auf dem Herd, auf einem elektrischen Tischgrill oder im Backofen grillen. Auch auf einem Holzkohlengrill im Freien kann Gemüse gegrillt werden. In diesem Fall empfiehlt es sich, das Gemüse in Alufolie einzuwickeln oder auf spezielle Grillschalen zu legen, dann spritzt kein Tropfsaft vom Gemüse aus der Glut zurück auf das Grillgut.

Geeignet für
Gemüsesorten wie Auberginen, Paprika, Maiskolben, Zwiebeln, Tomaten und Kartoffeln.

Beurteilung
Beim Grillen bilden sich Röst- und Aromastoffe, was dem Gemüse einen guten Geschmack verleiht. Die Nährstoffverluste ähneln denen beim Braten, bei den hohen Temperaturen werden hitzeempfindliche Vitamine teilweise zerstört.

Tips für die Praxis
- Bepinseln Sie das Gemüse mit einem Kräuter- oder Chiliöl, dann wird es noch aromatischer.
- Stecken Sie verschiedene Gemüsesorten auf Spieße.

Braten

Zerkleinertes Gemüse wird in erhitztem Fett unter häufigem Rühren bei starker Hitze ohne Deckel gegart. Man nennt diese Methode auch Pfannenrühren. Dabei bräunt das Gemüse und bleibt wunderbar knackig. Eine Spielart des Bratens ist das **Schmoren.** Hier wird das Gemüse zunächst in Fett angebraten, anschließend kommt, ähnlich wie beim Dünsten, wenig Flüssigkeit dazu und das Gemüse wird zugedeckt bei schwacher Hitze fertig gegart.

Geräte
Zum Pfannenrühren eignen sich eine Pfanne mit höherem Rand (Sauteuse) oder ein Wok. Zum Schmoren verwenden Sie einen Topf, etwa eine Kasserolle.

Geeignet für
fast alle Gemüsesorten. Für das Pfannenrühren ist es wichtig, daß das Gemüse klein geschnitten ist. Ein typisches Schmorgemüse sind Kohlrouladen.

Beurteilung
Pfannenrühren zählt zu den gesunden Garmethoden. Die Garzeit ist sehr kurz und daher vitaminerhaltend, der Fettverbrauch hält sich in Grenzen. Da beim Schmoren der Bratensaft mitverwendet wird, ist auch diese Methode günstig.

Tips für die Praxis
- Schneiden Sie das Gemüse in gleichmäßige Stücke, damit alle Sorten gleich schnell gar werden.
- Das Gemüse muß ganz trocken sein, wenn es in die Pfanne kommt, sonst spritzt es.

Fritieren

Das zerkleinerte Gemüse wird in reichlich erhitztem Fett bei Temperaturen zwischen 170° C und 180° C ausgebacken. Das Gemüse vorher würzen und in Mehl wenden oder in einen Ausbackteig tauchen.

Geräte
Am unkompliziertesten geht das Fritieren in einer elektrischen Friteuse mit Dunstfilter im Deckel und einem Thermostat, das die Hitze reguliert. Es funktioniert aber auch mit einem Fritiertopf oder Wok.

Geeignet für
Alle Gemüsesorten, die man in Stücke oder Scheiben schneiden kann, zum Beispiel Auberginen, Zucchini, Blumenkohl, Sellerie, Pilze und Kartoffeln.

Beurteilung
Wenn die Gemüsestücke kleingeschnitten sind und dadurch eine entsprechend kurze Garzeit benötigen, werden hitzeempfindliche Vitamine nur in geringem Umfang zerstört. Die Mineralstoffe bleiben voll erhalten.

Tips für die Praxis
- Das Fett sollte über 170° C heiß sein, sonst saugt sich das Gemüse damit voll. Das Fett im Fritiertopf oder Wok ist heiß genug, wenn an einem hölzernen Kochlöffel, den man ins heiße Fett hält, reichlich Bläschen aufsteigen.
- Das Gemüse in kleinen Portionen ins Fett geben, denn es muß sich frei bewegen können, damit es gleichmäßig gart.
- Anschließend das Gemüse auf Küchenpapier abtropfen lassen.

Öle und Fette

Für die kalte Küche
Für Salate und Rohkost empfiehlt sich ein kaltgepreßtes, unraffiniertes Öl. Einen ausgeprägten Eigengeschmack haben Olivenöl, Kürbiskernöl, Distelöl aber auch Nußöle wie etwa Walnuß- oder Sesamöl. Eher neutral schmecken Sonnenblumen-, Maiskeim- und Traubenkernöl. Von den Inhaltsstoffen her sind pflanzliche Öle den tierischen Fetten überlegen, sie enthalten vor allem die empfehlenswerten einfach- und mehrfach ungesättigten Fettsäuren, Vitamin E und kein Cholesterin. Besonders reich an einfach ungesättigten Fettsäuren ist das Olivenöl. Bei den mehrfach ungesättigten Fettsäuren sind Distelöl, Sojaöl, Walnuß- und Sonnenblumenöl Spitzenreiter. Bei Vitamin E stehen Weizenkeimöl, Sonnenblumenöl und Distelöl an erster Stelle.

Zum Dünsten, Braten und Fritieren
Zum Braten eignen sich hitzefeste Öle wie Erdnuß-, Oliven-, Maiskeim-, Sonnenblumen- oder Sojaöl. Hierfür können Sie auch raffinierte Speiseöle nehmen. Auch Butterschmalz ist zum Braten geeignet, allerdings enthält es reichlich Cholesterin und gesättigte Fettsäuren. Gut zum Fritieren geeignet: hocherhitzbares Pflanzenöl wie Olivenöl (preiswerte Qualität) sowie Butterschmalz.

Gemüsebrühe

Ob zum Dünsten, Dämpfen oder Kochen – in vielen vegetarischen Rezepten wird Gemüsebrühe verwendet. Sie kann schnell aus Instantprodukten hergestellt werden, die es in Pulver-, Pasten- oder Würfelform zu kaufen gibt. Wer Gemüsebrühe lieber selber zubereiten möchte, findet hier das Rezept.

Grundrezept
Für 1 1/2 l Gemüsebrühe

1 Zwiebel
2 Knoblauchzehen
1/4 Sellerieknolle mit Blättern
3 mittelgroße Möhren
1 Petersilienwurzel
1 kleine Stange Lauch
1/2 Bund Petersilie
1 Zweig Thymian
1 EL Sonnenblumenöl
1 Lorbeerblatt
2 Nelken
5 schwarze Pfefferkörner
3 Pimentkörner, Salz

1 Zwiebel schälen, grob zerkleinern, Knoblauch mit Schale halbieren. Sellerie, Möhren und Petersilienwurzel waschen, dann ungeschält grob zerkleinern. Lauch putzen, längs halbieren, waschen, in größere Stücke teilen. Kräuter waschen.

2 Öl in einem großen Topf erhitzen, Zwiebel und Knoblauch kurz darin anbraten, Gemüse dazugeben, unter Rühren kurz mitgaren. Gewürze, Kräuter und Salz dazugeben. Mit 2 l kaltem Wasser ablöschen. Alles zum Kochen bringen, zugedeckt bei schwacher Hitze 45 Min. köcheln lassen. Dann offen bei mittlerer Hitze 15 Min. köcheln. Die Brühe durch ein Sieb gießen und abschmecken.

Hülsenfrüchte

Vorbereiten
Die Hülsenfrüchte verlesen, Steinchen und mögliche Schmutzteile entfernen. Zum Waschen in eine Schüssel mit Wasser geben und hin und her bewegen. Samen, die sich an der Wasseroberfläche absetzen, entfernen. Hülsenfrüchte auf einem Sieb abtropfen lassen.

Einweichen
Ungeschälte Hülsenfrüchte werden in der Regel eingeweicht, so verkürzt sich die Garzeit. Man gibt sie in einen Topf und übergießt sie mit kaltem Wasser, so daß sie gut bedeckt sind. Für 100 g Hülsenfrüchte rechnet man 250–400 ml Wasser. Am besten über Nacht quellen lassen.
Eine Ausnahme sind Linsen, bei ihnen entfällt das Einweichen in jedem Fall, sie garen auch so schnell.
Tip: Wem das Einweichen zu lange dauert, der wendet folgende Methode an: Die Hülsenfrüchte 2 Min. in Wasser kochen lassen, dann nur noch eine Stunde einweichen.

Garen
Die eingeweichten Hülsenfrüchte am besten im Einweichwasser garen, denn auch darin befinden sich Vitamine und Mineralstoffe.
Die Hülsenfrüchte müssen mit Wasser bedeckt sein, eventuell Wasser nachgießen. Dann zum Kochen bringen, den sich bildenden Schaum mit einem Löffel abnehmen. Die Bohnen auf kleiner Stufe garen. Richten Sie sich dabei nach der Tabelle rechts. Die Garzeit kann je nach Alter variieren: Je älter die Hülsenfrüchte sind, desto länger brauchen sie, bis sie weich werden. Salz, Essig oder Zitronensaft bei Hülsenfrüchten mit langer Garzeit erst gegen Ende der Garzeit hinzufügen.

Tips
- Hülsenfrüchte können gut im **Schnellkochtopf** gegart werden, das spart Zeit und dauert etwa ein Drittel der in der Tabelle angegebenen Garzeit. Da Hülsenfrüchte stark quellen, darf der Schnellkochtopf höchstens bis insgesamt zur Hälfte gefüllt werden. Am Ende der Garzeit nicht schnell abdampfen, sondern warten, bis sich das Kochsignal gesenkt hat.
- Hartes Wasser verlängert die Garzeit. In Regionen mit hartem Wasser abgekochtes Wasser verwenden oder etwas Natron ins Kochwasser geben, das macht es weicher.

Getreide

Getreide bringt Abwechslung in die vegetarische Küche – ob als ganzes Korn oder gemahlen. Passionierte Getreideköchinnen haben meist eine Mühle zu Hause und mahlen die Körner frisch, was am gesündesten ist. Ansonsten gibt es eine große Auswahl an gemahlenem Getreide fertig zu kaufen (siehe Seite 25).

Vorbereiten
Ganze Getreidekörner in eine flache Schüssel geben und kurz verlesen, eventuelle Verunreinigungen oder Steinchen entfernen.

Einweichen
Bei Weizen-, Dinkel-, Gersten- und Roggenkörnern empfiehlt sich das Einweichen in Wasser, das verkürzt die spätere Garzeit und verbessert das gleichmäßige Durchgaren. Wieviel Wasser Sie zum Einweichen brauchen, können Sie der Tabelle rechts entnehmen. Falls die Körner nicht eingeweicht werden, ist die spätere Garzeit doppelt so lang. Bei den kleinen Körnchen von Hirse, Amaranth, Quinoa und Buchweizen erübrigt sich vorheriges Einweichen. Auch bei zerkleinertem Getreide wie Grieß und Grütze ist Einweichen vollkommen unnötig.

Garen
Die **uneingeweichten Körner** mit kaltem Wasser oder Gemüsebrühe aufsetzen, zum Kochen bringen und nach Tabellenangabe bei schwacher Hitze fertiggaren. Oder die Körner mit Zwiebelwürfeln in etwas erhitztem Fett kurz andünsten, anschließend Wasser oder Gemüsebrühe dazugießen und fertig garen. Die **eingeweichten Körner** im Einweichwasser zum Kochen bringen, bei starker Hitze 2–4 Min. köcheln, anschließend zugedeckt bei schwacher Hitze 20–60 Min. ausquellen lassen (siehe Tabelle). Ein Nachquellen von 5–10 Min. ohne Hitzezufuhr ist empfehlenswert.
Für die Zubereitung von **geschrotetem Getreide** Wasser oder Gemüsebrühe zum Kochen bringen, Schrot (Grieß oder Grütze) einrieseln lassen und unter Rühren aufkochen, bei schwacher Hitze 15–20 Min. ausquellen lassen.

Tips
- Das Garen der Getreidekörner im **Schnellkochtopf** spart enorm Zeit. Bei eingeweichten Körnern verkürzt sich die Garzeit auf ein Viertel der in der Tabelle angegebenen Zeit, bei nicht eingeweichten Körnern um die Hälfte. Als Faustregel gilt hier: Auf ein Teil Getreide kommen zwei Teile Flüssigkeit. Wichtig: Am Ende der Garzeit den Topf nicht schnell abdampfen, sondern langsam abkühlen lassen, dabei kann das Getreide nachquellen.
- Gegartes Getreide können Sie 3 Tage im Kühlschrank aufbewahren oder tiefgefrieren. Dann hält es 3 bis 4 Monate.

Sprossen ziehen

Die gekeimten Körner von Hülsenfrüchten, Getreide und Co. sind knackige Nährstoffspender. Man kann sie in Gemüseläden, Bioläden oder Reformhäusern fertig kaufen, besonders frisch sind sie jedoch selbstgezogen. Während des Keimens nimmt der Gehalt an Vitaminen (B1, B2, C, E) und Ballaststoffen zu, die blähenden Kohlenhydrate bei den Hülsenfrüchten werden hingegen abgebaut. Das Eiweiß verändert sich und wird leichter vedaulich.

Geeignet sind:
Getreidekörner (Weizen, Roggen, Hafer, Gerste), Hülsenfrüchte (Linsen, Erbsen, Kichererbsen, Sojabohnen, Mungobohnen, Alfalfa), Rettich, Kresse und Sonnenblumenkerne.

So wird's gemacht:
Es gibt im Handel spezielle Keimgeräte zu kaufen, es klappt aber auch im einfachen Marmelade- oder Weckglas. Außerdem brauchen Sie ein Stück grob gewebten Stoff (Gaze) und einen Gummiring.
Zuerst müssen die Samen über Nacht eingeweicht werden und quellen. Nicht gequollene Samen aussortieren. Dann mit reichlich Wasser in einem Sieb spülen. Die gequollenen Samen in das Glas geben, es darf höchstens zu einem Viertel gefüllt sein. Den Stoff mit dem Gummi am Glas befestigen und dieses schräg stellen, daß das Wasser ablaufen kann. Das Spülen muß täglich etwa zweimal wiederholt werden. Das Abtropfen des Wassers ist wichtig, damit keine Staunässe entsteht.
Keimdauer: Sonnenblumenkerne: 1–2 Tage; Getreide, Linsen, Sojabohnen, Erbsen, Rettich: 2–3 Tage; Mungobohnen, Alfalfa: 5 Tage; Kresse: 8 Tage.

Tips
- So vermeiden Sie Schimmel: Vor dem Keimen die Gläser gründlich mit heißem Wasser und Essig reinigen. Geben Sie einige Rettichsamen mit ins Glas, das hemmt die Schimmelpilze.

- Schleimbildende Samen wie Kresse oder Leinsamen auf einem Teller oder Tongefäß keimen lassen und drei- bis viermal täglich befeuchten, am besten mit einer Wäschespritze. Der Schleim würde die Maschen des Stoffs verkleben.
- Die Sprossen stets frisch ernten. Als Notlösung können sie auch 1–2 Tage im luftdichten Behälter im Kühlschrank aufbewahrt werden.
- Die Sprossen vor dem Essen nochmals gründlich spülen.
- Die Sprossen eventuell vor dem Verzehr noch blanchieren.

Reis

Das Garen von Reis ist recht unkompliziert, Einweichen entfällt. Aber es gibt verschiedene Wege den Reis zu garen:

Im herkömmlichen Kochtopf
Am üblichsten ist der sogenannte **Quellreis.** Auf 1 Tasse Reis (150 g) rechnet man 2 Tassen Wasser. Reis und Wasser in den Topf geben, salzen und das Ganze zum Kochen bringen. Den Reis etwa 2 Min. bei starker Hitze kochen, dann bei schwacher Hitze zugedeckt quellen lassen. Das dauert bei geschältem bzw. parboiled Reis etwa 20 Min., bei Vollkornreis 30–35 Min.

Tips
- Verwenden Sie nicht zuviel Wasser, denn sonst schütten Sie unnötigerweise Nährstoffe weg. Bei Vollkornreis aber benötigen Sie mehr Wasser: Rechnen Sie auf eine Tasse Reis 2 1/2 Tassen Wasser.
- Bei der Quellreismethode können Sie statt Wasser auch Gemüsebrühe nehmen, dann bekommt der Reis noch mehr Geschmack.
- **Risotto** ist eine spezielle Form der Zubereitung. Hier wird der Reis, ein spezieller Risottoreis (Seite 26), zunächst mit Zwiebeln glasig gedünstet. Anschließend wird nach und nach heiße Brühe aufgegossen. Die Zubereitungsweise ist relativ arbeitsintensiv, denn Sie müssen dabei bleiben und immer wieder heiße Brühe dazugießen und rühren. Da Risottoreis reichlich Flüssigkeit aufnimmt und im offenen Topf viel Flüssigkeit verdampft, benötigen Sie pro 100 g Reis etwa 300 bis 350 g Brühe. Der Reis muß 25 Min. köcheln.

Im Schnellkochtopf
Es gibt 2 Möglichkeiten: Entweder kommen Reis und Wasser (auf 1 Tasse Reis 2 Tassen Wasser) auf den Topfboden. Die Garzeit beträgt 7 Min., empfohlen wird die Schonstufe. Oder Sie geben den Reis in den ungelochten Einsatz des Schnellkochtopfs und schütten pro Tasse Reis eine Tasse Wasser in den Einsatz. Außerdem gießen Sie Wasser auf den Topfboden, damit sich Dampf entwickeln kann. Die Menge richtet sich nach der Größe des Topfes. Bei mittleren Größen ist das 1/4 l Wasser. Die Garzeit beträgt auch hier 7 Min. auf der Schonstufe.
- Vollkornreis benötigt im Schnellkochtopf 10 Min.

In der Mikrowelle
Reis, Wasser und Salz in ein mikrowellengeeignetes Gefäß geben. Auf 100 g Reis rechnen Sie 200 ml Wasser. Zugedeckt bei 750 Watt 3 Min. garen. Umrühren und bei 350 Watt in 10 Min. fertiggaren. Bei 200 g Reis rechnen Sie 400 ml Wasser. In diesem Fall garen Sie 5 Min. bei 750 Watt und 12–15 Min. bei 350 Watt. Fazit: Eine Zeitersparnis ergibt sich nur bei kleinen Mengen.

Das Garen von Hülsenfrüchten

Getrocknete Hülsenfrüchte	Einweichzeit in Stunden	Flüssigkeitsmenge pro 100 g Hülsenfrüchte zum Einweichen bzw. Garen	Garzeit in Minuten
Kidneybohnen	12 – am besten über Nacht	mindestens 300 ml	60
Kleine weiße Bohnen	8	etwa 250 ml	60
Schwarze Bohnen	12	mindestens 300 ml	60–70
Sojabohnen	12	mindestens 350 ml	90–120
Erbsen, geschält	entfällt	etwa 250 ml	45
Erbsen, ungeschält	12	etwa 300 ml	75–90
Kichererbsen	12	400 ml	60–70
Linsen (braun, grün)	entfällt	250–300 ml	30–40
Rote Linsen	entfällt	250 ml	10–15

Das Garen von Getreide

Getreide	Einweichzeit in Stunden	Flüssigkeitsmenge pro 100 g Getreide zum Einweichen bzw. Garen	Garzeit in Minuten
Dinkel, ganze Körner	4–5	250 ml	40–45
Grünkern, ganze Körner	entfällt	250 ml	35
Grünkernschrot	entfällt	200–250 ml	20
Gerstengraupen	entfällt	200–250 ml	35
Hirse	entfällt	mindestens 250 ml	30
Weizen, ganze Körner	4–5	250 ml	40–45
Bulgur	entfällt	150 ml	15
Couscous (vorgegart)	entfällt	100 ml	7 (Quellen ohne Hitze)
Amaranth	entfällt	300 ml	30–35
Buchweizen	entfällt	200 ml	20–25
Quinoa	entfällt	250 ml	25

VORSPEISEN, SNACKS, SALATE

Zutaten für 4 Personen:

50 g Rucola (1/2 Bund)
1 kleine Knoblauchzehe
1 EL Pinienkerne
1/2 TL scharfer Senf
3–4 EL kaltgepreßtes Olivenöl
1–2 TL Zitronensaft
Salz
Pfeffer
4–6 Scheiben Weißbrot (etwa 200 g)
20 g Butter
125 g Mozzarella
1/2 TL gehackte Thymianblättchen
Und: Öl für das Backblech
Thymianblüten nach Belieben zum Garnieren

Zubereitungszeit: 30 Min.
Pro Portion etwa:
1443 kJ / 345 kcal
11 g EW / 22 g F / 27 g KH

Schnell

Rucola-Crostini

1 Den Rucola abbrausen und verlesen, die harten Stiele entfernen und den Rucola bis auf einige Blätter zum Garnieren grob hacken. Die Knoblauchzehe schälen und hacken.

2 Knoblauch, Pinienkerne und Senf zum Rucola geben, alles glatt pürieren. Nach und nach soviel Olivenöl dazugießen, bis eine sämige Paste entstanden ist. Mit Zitronensaft, Salz und Pfeffer würzen. Die Paste abgedeckt kalt stellen.

3 Inzwischen den Backofen auf 175° vorheizen. Ein Backblech mit Öl einfetten. Die Weißbrotscheiben diagonal halbieren und mit der Butter bestreichen. Den Mozzarella in Scheiben schneiden und auf die Brote verteilen, mit dem Thymian bestreuen, salzen und pfeffern. Auf das Blech legen.

4 Die Brote im Ofen (Mitte, Umluft 160°) 10 Min. backen. Herausnehmen, mit der Rucolapaste bestreichen und mit den beiseite gelegten Rucolablättchen und nach Belieben mit Thymianblüten garnieren.

Tip: Sehr attraktiv sieht es aus, wenn Sie Rucola- und Tomaten-Crostini (siehe Variante) zusammen auf einer Platte anrichten und Ihren Gästen als Vorspeise zum Aperitif anbieten, z.B. zu Campari Soda oder Prosecco.

Variante:
Crostini mit Tomatenpaste

2 Scheiben Toastbrot rösten und würfeln, mit 4 EL Rotweinessig beträufeln und 10 Min. einweichen. 2 feste Tomaten überbrühen, häuten, entkernen, von den Stielansätzen befreien und hacken. 1 geschälte, grob gehackte Knoblauchzehe mit den Tomaten, dem eingeweichten Brot, 2 EL Tomatenmark, 1 EL Kapern und 2 EL Olivenöl pürieren. Mit Salz und Pfeffer würzen. 18–20 kleine Scheiben Stangenweißbrot im Toaster oder Backofen anrösten. Tomatenpaste darauf streichen, mit je 1 Basilikumblatt garnieren.

Zutaten für eine Tarte- oder Springform von 28 cm ø:

Für den Teig:
100 g Cracker
200 g Mehl
125 g kalte Butter
1 Ei · 1 Eigelb
Für die Füllung:
50 g Crème fraîche
1 TL abgeriebene Schale und 2 TL Saft von 1 unbehandelten Zitrone
2 EL Walnußöl
Salz · Pfeffer
600 g feste Tomaten
1/2 Bund glatte Petersilie
50 g Walnußkerne
50 g frisch geriebener Parmesan
2 TL Aceto balsamico
1/2 TL gehackte Oreganoblättchen
Und: Mehl zum Ausrollen
Butter für die Form

Zubereitungszeit: 45 Min. (+ 30 Min. Backzeit)
Bei 12 Stücken pro Stück etwa: 1008 kJ / 241 kcal
6 g EW / 15 g F / 22 g KH

Für Gäste

Tomatentarte mit Walnüssen

1 Für den Teig die Cracker in eine Plastiktüte geben und mit der Teigrolle fein zerbröseln. Cracker, Mehl, Butter in kleinen Stückchen, Ei und Eigelb rasch zu einem glatten Teig verkneten.

2 Den Teig auf der bemehlten Arbeitsfläche ausrollen. Die Form einfetten und mit dem Teig auskleiden, dabei einen 2 cm hohen Rand hochdrücken. Den Teig in der Form 30 Min. zugedeckt in den Kühlschrank stellen. Den Backofen auf 175° (Umluft 160°) vorheizen.

3 Inzwischen für die Füllung die Crème fraîche mit Zitronenschale und -saft, 1 EL Walnußöl, Salz und Pfeffer verrühren. Die Tomaten von den Stielansätzen befreien und quer in Scheiben schneiden. Den Crackerboden im Ofen (Mitte) 10 Min. vorbacken.

4 Inzwischen die Petersilie abbrausen und die Blätter abzupfen, bis auf einige zum Garnieren fein hacken. Die Walnußkerne fein reiben. Petersilie mit der Hälfte der Walnüsse und dem Parmesan vermischen.

5 Den Crackerboden mit der Zitronen-Creme bestreichen, mit den übrigen Walnüssen bestreuen. Die Tomaten schuppenartig überlappend darauf legen. Mit Salz, Pfeffer, Essig und Oregano würzen, mit der Petersilie-Walnuß-Mischung bestreuen. Das übrige Walnußöl darüber träufeln. Im Ofen (Mitte) 20 Min. backen. Mit Petersilie garnieren.

Als Vorspeise für 6 Personen oder als kleines Abendessen für 4 Personen mit einem Rucola- oder Spinatsalat servieren.

Tip: Wer es eilig hat, nimmt statt des selbstgemachten Cracker-Mürbeteigs einen frischen, fertigen Pizzateig aus dem Kühlregal – einfach ausrollen, belegen, backen.

Würziger Joghurt-Frischkäse

Zutaten für 4 Personen:

1 kg stichfester Joghurt (z. B. Bulgara-Joghurt)
2 EL Zitronensaft
4 getrocknete rote Chilischoten
4 Kardamomkapseln
1/2 TL Korianderkörner
grobes Meersalz
2 Knoblauchzehen
1 EL Paprika, edelsüß
1 EL frisch geriebener Ingwer
Und: 4 Kopf- oder Eissalatblätter
Zitronenscheiben

Zubereitungszeit: 20 Min.
(+ 1 Std. Abtropfzeit)
Pro Portion etwa:
770 kJ / 184 kcal
10 g EW / 9 g F / 18 g KH

Läßt sich gut vorbereiten

1 Den Joghurt in einen Topf geben, nicht verrühren. Mit dem Zitronensaft beträufeln und bei mittlerer Hitze ohne Umrühren etwa 1 Min. kochen, bis sich der Joghurt zu Flöckchen zusammenballt. Den Topf vom Herd nehmen und 5 Min. abkühlen lassen. Ein Leinentuch anfeuchten und ein Sieb damit auslegen. Den Joghurt hineingießen, die Molke auffangen. 30 Min.–1 Std. abtropfen lassen, zwischendurch die Joghurtflocken mit einer Gabel vorsichtig auflockern.

2 Dann die Chilischoten zerreiben. Die schwarzen Kerne aus den Kardamomkapseln herauslösen, Chillies, Kardamomkerne und Koriander 2–3 Min. rösten, bis die Gewürze dunkler werden. Mit etwas Salz im Mörser fein zerstoßen.

3 Die Knoblauchzehen schälen, grob würfeln, zu den Gewürzen geben und im Mörser zerstampfen. Mit Paprika und geriebenem Ingwer vorsichtig unter den Frischkäse mischen, etwas durchziehen lassen. Auf Salatblättern mit Zitronenscheiben garniert servieren.

Hummus aus gelben Erbsen

Zutaten für 4 Personen:

100 g gelbe geschälte Erbsen
1 Msp. Speisenatron
1 mittelgroße Zwiebel
2 Knoblauchzehen
3 EL Olivenöl
2 EL Sesamsamen
Salz · Pfeffer
2 EL Zitronensaft
2 EL Paprikamark (Ajvar)
Und: Petersilie und schwarze Oliven zum Garnieren

Zubereitungszeit: 20 Min.
(+ 1 1/4 Std. Garzeit
+ 4 Std. Einweichzeit)
Pro Portion etwa:
406 kJ / 97 kcal
4 g EW / 3 g F / 15 g KH

Braucht etwas Zeit

1 Die Erbsen abspülen und in gut 1/4 l Wasser mit Natron 3–4 Std. einweichen. Dann langsam aufkochen lassen (Vorsicht – kocht leicht über!). Inzwischen die Zwiebel und den Knoblauch schälen. Die Zwiebel grob hacken und mit dem Knoblauch zu den Erbsen geben. Zugedeckt bei schwacher Hitze 1–1 1/4 Std. garen, bis die Erbsen zerfallen, nur bei Bedarf wenig Wasser nachgießen.

2 Die Erbsen im Topf zerstampfen und 2 EL Olivenöl dazugeben, unter Rühren offen köcheln lassen, bis das Püree dick wird. Kurz beiseite stellen. Den Sesam in einem trockenen Pfännchen unter Rühren hellbraun rösten, in einem Mörser zerstampfen.

3 Das Püree mit dem Sesam verrühren, salzen, pfeffern, mit Zitronensaft cremig schlagen. Das Erbsenpüree in ein Schälchen füllen und abkühlen lassen. In der Mitte eine Vertiefung eindrücken und mit dem Paprikamark füllen. Das Erbsenpüree mit dem restlichen Olivenöl beträufeln, mit Petersilie und Oliven garnieren.

Paprikaröllchen mit Schafkäsefüllung

Zutaten für 4–6 Personen:

2 rote Paprikaschoten (etwa 400 g)
2 grüne Paprikaschoten (etwa 400 g)
125 g griechischer Schafkäse (Feta)
100 g Doppelrahm-Frischkäse
1 Knoblauchzehe
1/2 Bund Dill
1/2 Bund Petersilie
Salz
Pfeffer
5 EL Zitronensaft
5 EL kaltgepreßtes Olivenöl
50 g schwarze Oliven
Und: etwas Basilikum zum Garnieren

Zubereitungszeit: 1 Std. (+ 1 Std. Kühlzeit)
Bei 6 Personen pro Portion etwa: 749 kJ / 179 kcal
5 g EW / 15 g F / 8 g KH

Läßt sich gut vorbereiten

1 Den Backofengrill vorheizen. Die Paprikaschoten waschen, längs halbieren und putzen. Die Hälften mit der Innenseite nach unten auf Alufolie auf den Rost legen und unter den Grill schieben. 5–8 Min. grillen, bis die Haut schwarz wird. Die Paprikaschoten aus dem Ofen nehmen und unter einem feuchten Tuch abkühlen lassen, dann die Haut abziehen.

2 Inzwischen den Schafkäse mit der Gabel zerdrücken, den Frischkäse hinzufügen und alles gut vermischen. Die Knoblauchzehe schälen und dazupressen. Die Kräuter abbrausen, die Blättchen abzupfen und fein hacken. Knoblauch und Kräuter unter die Käsemasse mischen. Mit Salz, Pfeffer und 1 EL Zitronensaft abschmecken.

3 Die Paprikahälften ausbreiten, je 1 EL Käsemasse darauf verteilen und mit einem Messer glattstreichen. Die Paprikahälften aufrollen und die Röllchen mindestens 1 Std. zugedeckt in den Kühlschrank stellen.

4 Die Paprikaröllchen in 1 cm breite Scheiben schneiden, auf Tellern dekorativ anrichten. Den übrigen Zitronensaft mit Salz, Pfeffer und Olivenöl verquirlen, über die Röllchen träufeln. Die Oliven entsteinen und fein hacken, zum Schluß darüber streuen, mit Basilikumblättchen garnieren.

Dazu schmeckt geröstetes Bauern- oder Fladenbrot.

Tip: Wer keinen Grill hat, kann die Paprikaschoten auch im Backofen (Mitte) bei 250° (Umluft 220°) 20–25 Min. backen, bis die Haut Blasen wirft und schwarz wird.

Zutaten für 4 Personen:

- 3 Auberginen (600 g)
- je 1 gelbe und rote Paprikaschote
- 2 Knoblauchzehen
- 1 Bund Basilikum
- 4 EL kaltgepreßtes Olivenöl
- Saft von 1/2–1 Zitrone
- Meersalz
- Pfeffer

Zubereitungszeit: 30 Min. (+ 1 Std. Backzeit)
Pro Portion etwa: 519 kJ / 124 kcal
2 g EW / 8 g F/ 13 g KH

Gelingt leicht

Mediterrane Auberginen-Mousse

1 Den Backofen auf 180° vorheizen. Auberginen und Paprikaschoten waschen. Die Auberginen mit einer Gabel mehrmals einstechen. Die Paprikaschoten halbieren und putzen. Den Knoblauch schälen, in Stifte schneiden und in die Einstiche der Auberginen stecken. Die Auberginen im Ofen (Mitte, Umluft 160°) 1 Std., die Paprikahälften mit der Innenseite nach unten auf dem Rost 30 Min. backen.

2 Basilikum waschen, einige Blättchen zum Dekorieren beiseite legen, die übrigen Blätter grob kleinschneiden. Mit dem Öl vermischen und mit dem Pürierstab zu einer Paste pürieren. Dann mit 2 EL Zitronensaft vermischen. Die Paprikaschoten in 1 1/2 cm dicke Streifen schneiden und in 1 EL Zitronen-Basilikum-Sauce wenden. Die Paprikaschoten salzen und pfeffern.

3 Die Auberginen nach Belieben unter fließendem Wasser von der Haut befreien. Die Auberginen kleinschneiden, mit der Zitronen-Basilikum-Sauce vermischen und mit dem Pürierstab zu einer cremigen Mousse pürieren. Mit Zitronensaft, Salz und Pfeffer abschmekken. Die Auberginen-Mousse mit Basilikumblättchen dekorieren und mit den Paprikaschoten garnieren. Diese mit Zitronensaft beträufeln.

Dazu paßt Fladenbrot.

Variante:

Auberginenpüree auf chinesische Art

3 kleine Auberginen (600 g) mit 2 Knoblauchzehen spicken wie beschrieben. In einen Dämpfeinsatz geben und über kochendem Wasser in 20 Min. weich dämpfen. Dann kleinschneiden und mit einer Sauce aus 1 1/2 EL Reisessig, 1 EL Sojasauce, 2 TL Sesamöl, Salz, Pfeffer und 1 kleingeschnittenen Frühlingszwiebel vermischen, alles zu einer Mousse pürieren und mit 1 EL Koriandergrün garnieren.

Zutaten für 4 Personen:

2 Frühlingszwiebeln
1 Knoblauchzehe
1 eingelegte grüne Chilischote
2 TL kaltgepreßtes Olivenöl
1 grüne Paprikaschote
Saft von 1 Zitrone
2 Avocados
2 EL fester Joghurt oder saure Sahne
Meersalz
1 Bund Brunnenkresse oder 2 Kistchen Gartenkresse
1/2 Salatgurke
2 Stangen Staudensellerie mit Grün
1 Bund Radieschen
4 Tomaten

Zubereitungszeit: 30 Min.
Pro Portion etwa:
933 kJ / 223 kcal
4 g EW / 16 g F / 22 g KH

Vollwertig

Rohkost mit Avocado-Zitronen-Dip

1 Für den Dip Frühlingszwiebeln waschen, putzen und kleinschneiden. Knoblauch schälen und kleinschneiden. Die Chilischote längs aufschneiden und die Kerne entfernen. Die Chilischote kleinschneiden.

2 Das Öl in einer kleinen Pfanne erhitzen und Frühlingszwiebeln, Knoblauch und Chillie darin bei mittlerer Hitze 2 Min. unter Rühren andünsten. Dann vom Herd nehmen. Die Paprikaschote waschen, halbieren, putzen, in kleine Würfel schneiden und dazugeben. Mit der Hälfte des Zitronensaftes würzen.

3 Die Avocados halbieren und den Kern herauslösen. Die Avocados schälen, in kleine Würfel schneiden, mit Joghurt oder saurer Sahne und dem Gemüse vermischen. Dabei mit der Gabel ein wenig zu Mus drücken. Mit Salz abschmecken.

4 Die Brunnenkresse waschen und trockenschleudern. (Die Gartenkresse abbrausen und mit der Schere abschneiden.) Gurke, Sellerie, Radieschen und Tomaten waschen. Gurke und Sellerie in 1 cm dicke und 5 cm lange Stifte schneiden, Selleriegrün beiseite legen.

5 Radieschen putzen, dabei einige Blättchen stehen lassen. Die Radieschen längs halbieren. Die Tomaten achteln, dabei die Stielansätze entfernen. Die Rohkost mit etwas Zitronensaft beträufeln. Den Avocado-Dip mit dem restlichen Zitronensaft abschmecken, auf ein Kressebett setzen, mit der Rohkost und dem Selleriegrün garnieren.

Tips: Das Fruchtfleisch der Avocado färbt sich an der Luft rasch grau. Um einen Dip von schöner grüner Farbe zu bekommen, braucht man die Säure der Zitrone. Die Avocado daher nach dem Anschneiden sofort mit dem Chiligemüse vermischen.

Statt mit Rohkost können Sie den Avocado-Dip auch mit Tortilla-Chips oder heißen Kartoffelchips frisch aus dem Ofen servieren.

Zutaten für 4–6 Personen:

1 schwarzer Rettich (400 g; ersatzweise weißer Rettich)
3–4 Schnittlauchhalme
1 feste rote Tomate
Salz
Pfeffer
2 EL kaltgepreßtes Olivenöl
1 TL Honig
1/2 TL Aceto balsamico
4 Zweige frische Minze
40 g Pecorino romano (ersatzweise Parmesan)

Zubereitungszeit: 30 Min.
Bei 6 Personen pro Portion etwa: 284 kJ / 68 kcal
3 g EW / 5 g F / 4 g KH

Schnell

Rettich-Carpaccio

1 Den Rettich schälen und mit einem Gemüsehobel in ganz feine Scheiben schneiden. Dekorativ auf einem großen Teller auslegen. Den Schnittlauch waschen und fein schneiden.

2 Die Tomate waschen, vierteln, entkernen, vom Stielansatz befreien und in sehr kleine Würfel schneiden. Die Tomatenwürfel über den Rettich verteilen und mit Salz, Pfeffer und Schnittlauch bestreuen.

3 Das Olivenöl, den Honig und den Essig gut verrühren. Den Carpaccio damit beträufeln. Die Teller mit einer Folie abdecken und kalt stellen.

4 Vor dem Servieren die Minze waschen, die Blättchen hacken. Einige zum Garnieren ganz lassen. Den Pecorino in feine Scheiben schneiden und mit der gehackten Minze auf das Gericht verteilen. Mit den ganzen Minzblättchen garnieren.

Tips: Dieser Carpaccio läßt sich auch mit Kohlrabi oder Zucchini zubereiten. Vollkornbrot und Butter passen gut dazu.

Wenn Sie den Schnittlauch im Bund gekauft haben, können Sie die restlichen Halme gut als Dekoration nutzen: einfach mit einer Bastschnur umwickelt quer über den Salat legen.

Dazu paßt ein kühles Bier sehr gut.

Gemüse-Terrine

Zutaten für 1 Terrinen- oder Kastenform von 1 1/2 l Volumen:

500 g Broccoliröschen
500 g Blumenkohlröschen · Salz
1 Brötchen vom Vortag
250 g Sahne
3 Eier · 2 Eigelbe
Pfeffer · 1–2 TL Zitronensaft
frisch geriebene Muskatnuß
600 g vollreife Tomaten
2 Schalotten
1 EL Aceto balsamico
1 TL gehackte Oreganoblättchen
2–3 EL kaltgepreßtes Olivenöl
1 Kästchen Gartenkresse
Und: Butter zum Einfetten

Zubereitungszeit: 1 1/4 Std.
(1 1/4 Std. Garzeit + 12 Std. Kühlzeit)
Bei 16 Portionen pro Portion etwa:
448 kJ / 107 kcal
4 g EW / 7 g F / 8 g KH

Braucht etwas Zeit

1 Broccoli und Blumenkohl getrennt waschen, putzen und in ganz kleine Röschen zerteilen. Blumenkohl 7 Min., dann Broccoli 3 Min. in Salzwasser vorgaren, kalt abschrecken und gut abtropfen lassen. Brötchen würfeln und 10 Min. in Wasser einweichen. Sahne mit Eiern und Eigelben verrühren, salzen und pfeffern.

2 Das Brötchen gut ausdrücken, die Hälfte davon mit der Hälfte des Broccolis glattpürieren. Die Hälfte der Eiersahne unterrühren, mit Salz, Pfeffer und Zitronensaft würzen. Den übrigen Broccoli untermischen. Die Hälfte des Blumenkohls mit dem übrigen Brötchen pürieren, die restliche Eiersahne untermischen. Mit Salz, Pfeffer und Muskat abschmecken. Den übrigen Blumenkohl untermischen.

3 Die Form mit Butter ausstreichen. Den Backofen auf 150° vorheizen. Die Broccolifarce in die Form füllen und glattstreichen, darauf die Blumenkohlmasse schichten. Mit einem Löffel die Gemüse spiralförmig ineinanderziehen.

4 Die Gemüseterrine in die Fettpfanne des Ofens (Mitte, Umluft 140°) ins Wasserbad stellen und 1 Std. garen, dann 15 Min. im ausgeschalteten Ofen stehen lassen. Abkühlen lassen und zugedeckt über Nacht kühl stellen.

5 Für die Sauce Tomaten von den Stielansätzen befreien, überbrühen, häuten, entkernen und hacken. Schalotten schälen und fein würfeln. Tomaten, Schalotten, Essig und Oregano glattpürieren, dabei das Olivenöl dazugeben. Mit Salz und Pfeffer abschmecken. Die Kresse abbrausen, abschneiden und bis auf einige Stengel grob hacken und untermischen. Die Terrine aus der Form stürzen und in 1 cm dicke Scheiben schneiden. Mit restlicher Kresse garnieren. Die Tomatensauce dazu reichen.

Zutaten für 4 Personen:
400 g zarter Blattspinat
Salz
150 g grüner Spargel
100 g Quark (10 %)
100 g Doppelrahm-Frischkäse
150 g Weizenmehl, Type 1050
2 Eier
6 EL Sahne
Pfeffer
1/2 TL Paprika, rosenscharf
1 TL gehackte Oreganoblättchen
2 Schalotten
1 Knoblauchzehe
2 EL Butter
2 kleine feste Tomaten
125 g Mozzarella
30 g frisch geriebener Parmesan
Und: etwas Oregano zum Garnieren

Zubereitungszeit: 1 Std.
Pro Portion etwa:
2368 kJ / 566 kcal
27 g EW / 35 g F / 41 g KH

Gelingt leicht

Frühlingsgemüse-Kuchen aus der Pfanne

1 Den Spinat gründlich waschen und verlesen, grobe Stiele entfernen. In kochendem Salzwasser 1 Min. blanchieren, abschrecken und gut abtropfen lassen, dann in einem Küchentuch ausdrücken. Den Spinat hacken.

2 Den Spargel waschen, nur im unteren Drittel schälen und die holzigen Enden abschneiden. Die Stangen schräg in 2 cm große Stücke schneiden, in kochendem Salzwasser in 12–15 Min. bißfest garen, dann abgießen und abtropfen lassen.

3 Inzwischen Quark und Frischkäse mit Mehl, Eiern und Sahne zu einer glatten Masse verrühren, mit Salz, Pfeffer, Paprika und Oregano abschmecken. Den Spinat untermischen.

4 Die Schalotten schälen und fein würfeln, die Knoblauchzehe schälen und zerdrücken. Die Butter in einer beschichteten Pfanne (26 cm ø) erhitzen. Schalotten und Knoblauch 2–3 Min. darin andünsten. Den Spargel hinzufügen, die Spinatmasse darüber geben und zugedeckt bei schwacher Hitze 15–20 Min. garen. Inzwischen die Tomaten waschen und von den Stielansätzen befreien. Tomaten und Mozzarella in dünne Scheiben schneiden.

5 Den Spinatkuchen auf einen Teller stürzen und mit der Unterseite zurück in die Pfanne gleiten lassen. Tomaten, Mozzarella und Parmesan darauf verteilen. Den Deckel auflegen und den Gemüsekuchen nochmals 5 Min. backen, bis der Käse zerlaufen ist. Den Gemüsekuchen in Stücke schneiden und mit Oregano garnieren.

Tips: Mit einem gemischten Blattsalat ist der Gemüsekuchen ein gehaltvoller Imbiß für 4 oder eine Vorspeise für 8 Personen.

Wenn es schneller gehen soll, ersetzen Sie einfach den frischen Spinat durch tiefgekühlten Blattspinat und lassen den Spargel weg.

Zutaten für 4 Personen:
4 mittelgroße reife Tomaten
3 EL kaltgepreßtes Olivenöl
1 EL Zucker
Salz
Pfeffer
1 EL gemischte gehackte Kräuter (Thymian, glatte Petersilie, Oregano, Bohnenkraut)
1 Knoblauchzehe (nach Belieben)
6 Eier
12–16 Basilikumblätter

Zubereitungszeit: 25 Min. (+ 2 Std. Backzeit)
Pro Portion etwa: 778 kJ / 186 kcal
9 g EW/ 12 g F/ 11 g KH

Braucht etwas Zeit

Basilikum-Omelett mit karamelisierten Tomaten

1 Den Backofen auf 80° vorheizen. Die Tomaten waschen, von den Stielansätzen befreien, quer halbieren und entkernen. Ein Backblech mit 1/2 EL Olivenöl ausstreichen und die Tomaten mit der Schnittfläche nach oben darauf verteilen.

2 Die Tomaten mit dem Zucker, Salz, Pfeffer und den gehackten Kräutern bestreuen. Mit 1/2 EL Olivenöl beträufeln. Im Ofen (Mitte, Umluft 60°) 2 Std. karamelisieren lassen. 5 Min. vor Ende der Backzeit nach Belieben den Knoblauch schälen, durchpressen und die Tomaten damit würzen.

3 Für das Omelett die Eier mit 2 EL Wasser, Salz und Pfeffer kurz aber kräftig schlagen. Das restliche Olivenöl in einer großen Bratpfanne bei mittlerer Hitze heiß werden lassen. Die Basilikumblätter kurz darin andünsten, dann die Eier hineingießen. Die Pfanne am Stiel fassen und ständig hin und her rütteln. Gleichzeitig mit einem Kochlöffel die Eier leicht durchrühren. Sobald sie zu stocken beginnen, das Omelett von einer Seite her mit der Bratschaufel zusammenstoßen, dann zusammenklappen. Es soll innen noch feucht sein. Auf einer vorgewärmten Platte anrichten und mit den Tomaten garnieren.

Tip: Wenn es schneller gehen muß, kann man die Tomaten auch in der Pfanne beidseitig mit dem Zucker in Olivenöl braten und mit den Kräutern bestreuen. Sie werden dann aber nicht so trocken. Im Ofen karamelisierte Tomaten lassen sich für viele Gerichte verwerden. Es lohnt sich deshalb, gleich eine größere Menge zuzubereiten, denn die Tomaten lassen sich gut in Olivenöl einlegen. Sie halten so 6 Monate.

Brik mit Wirsing und Ei

Zutaten für 4 Personen:

200 g Hartweizen-Grieß
Salz
200 g Wirsingblätter
2 Lauchzwiebeln
2 Knoblauchzehen
2 EL Butter
Salz
Pfeffer
4 frische Eigelbe
Und: Olivenöl oder Erdnußöl zum Fritieren
Zitronenviertel zum Anrichten

Zubereitungszeit: 50 Min.
Pro Portion etwa:
1744 kJ / 414 kcal
8 g EW / 22 g F / 45 g KH

Preiswert

Dazu schmeckt trockener Weißwein, z. B. ein Chardonnay.

1 Für den Teig den Grieß mit 350 ml lauwarmem Wasser und etwas Salz im Mixer oder mit dem Pürierstab ganz glattpürieren. Beiseite stellen und 30 Min. ruhen lassen. Inzwischen die Wirsingblätter waschen, putzen und in feine Streifen schneiden. In kochendem Salzwasser 3–4 Min. sprudelnd kochen, auf ein Sieb abgießen, kalt abschrecken und abtropfen lassen. Lauchzwiebeln waschen, putzen und fein hacken. Knoblauch schälen und fein würfeln.

2 In einem Topf die Butter erhitzen, die Lauchzwiebeln bei mittlerer Hitze darin andünsten, den Wirsing und den Knoblauch unterrühren, bei schwacher Hitze 10 Min. zugedeckt dünsten, ab und zu umrühren, nur bei Bedarf etwas Wasser angießen. Mit Salz und Pfeffer kräftig würzen.

3 Nach der Ruhezeit den Teig durchrühren und eventuell noch etwas Wasser dazugießen, bis der Teig dünnflüssig ist. Eine beschichtete Pfanne von 20 cm ø auf mittlerer Hitze ohne Fett heiß werden lassen. 3 EL Teig hineingießen, schnell zu einem ganz dünnen Kreis ausstreichen oder die Pfanne schräg halten, bis der Teig sich gut verteilt hat. Den Teig gerade fest werden lassen, bis sich die Ränder aufwölben (die Unterseite darf nicht bräunen). Das Teigblatt aus der Pfanne auf einen Teller heben und mit einem feuchten Tuch bedecken.

4 Die Pfanne kurz abkühlen lassen, auf die Herdplatte stellen und wieder 3 EL Teig ausstreichen. So nacheinander 8 Teigblätter backen, die fertigen aufeinanderlegen und mit dem feuchten Tuch bedecken. Etwas Teig übriglassen.

5 Jeweils 2 Teigplatten aufeinanderlegen und den Wirsing darauf verteilen. In den Wirsing eine Mulde drücken. Je ein rohes Eigelb darauf setzen, die Teigränder mit dem restlichen Teig bestreichen und zu Halbkreisen zusammenlegen. Die Ränder gut festdrücken.

6 In der Pfanne knapp 1 cm hoch Olivenöl bei mittlerer Hitze heiß werden lassen, bis die Oberfläche unruhig wird. Die Teigtaschen ins Öl gleiten lassen und portionsweise je Seite 2–3 Min. braten, bis der Teig goldbraun, die Eigelbe innen aber noch halb flüssig sind. Mit einem Schaumlöffel aus dem Öl heben und auf Küchenpapier abtropfen lassen. Heiß mit Zitronenvierteln servieren.

Variante:
Brik mit Kartoffelfüllung

Etwa 300 g mehligkochende Kartoffeln schälen, würfeln und kochen. Abgetropft grob zerdrücken und mit 2 gehackten Frühlingszwiebeln, 3 durchgepreßten Knoblauchzehen und 1 Bund gehackter Petersilie vermischen, gut würzen. Das Püree auf die Teigblätter verteilen und ebenfalls Eigelbe darauf setzen. Wie oben backen.

Für die Teigblätter jeweils 3 EL Teig in einer beschichteten Pfanne zu einer hauchdünnen Schicht ausstreichen.

Die doppelten Teigblätter mit etwas Wirsing und einem rohen Eigelb belegen, die Ränder fest zusammendrücken.

Die gefüllten Teigtaschen einzeln von einem Teller ins heiße Öl gleiten lassen.

Das besondere Rezept !

Dieser tunesische Snack ist ein relativ schnelles und preiswertes Essen, das trotzdem den Touch des exotischen, außergewöhnlichen hat. Die knusprigen Täschchen werden in Tunesien traditionell aus der Hand gegessen – etwas, wofür sich besonders Kinder begeistern. Für besondere Anlässe können Sie statt Wirsing auch Mangold oder Spinat verwenden. Oder Sie füllen die Hälfte der Täschchen mit »Grünzeug«, die andere Hälfte mit Kartoffelpüree (siehe Variante).

Zutaten für 4–6 Personen:
300 g Joghurt
200 g saure Sahne
2 EL Zitronensaft
Meersalz
Pfeffer
1 Knoblauchzehe
2 Bund frischer Koriander (ersatzweise glatte Petersilie)
150 g Dinkel-Vollkornmehl
1/4 l helles Bier oder kohlensäurehaltiges Mineralwasser
2 Eier (L)
1 kg gemischtes frisches Gemüse (z. B. Champignons, Schalotten, Blumenkohl- und Broccoliröschen, Fenchel, zarte Möhren, Kohlrabi)
1 Zitrone zum Anrichten
Erdnuß- oder Sonnenblumenöl zum Ausbacken

Zubereitungszeit: 1 Std.
Bei 6 Personen pro Portion etwa: 1443 kJ / 337 kcal
11 g EW / 18 g F / 33 g KH

Läßt sich gut vorbereiten

Fritiertes Gemüse mit Dip

1 Joghurt, saure Sahne, Zitronensaft, Salz und Pfeffer verrühren. Knoblauch schälen und dazudrücken. Koriander waschen, einige Blätter zum Garnieren beiseite legen. Übrige Blätter fein hacken und unterrühren. Die Sauce zugedeckt kalt stellen.

2 Für den Teig das Mehl in einer Schüssel mit 1 TL Salz vermischen. Bier oder Mineralwasser unter ständigem Rühren mit dem Schneebesen unterschlagen, bis der Teig glatt und dickflüssig ist. Die Eier trennen. Die Eigelbe unterrühren, den Teig zugedeckt 30 Min. bei Zimmertemperatur quellen lassen.

3 Inzwischen das Gemüse waschen und putzen oder schälen, in mundgerechte Stücke schneiden. Harte Gemüse wie Möhren und Kohlrabi vor dem Ausbacken 3 Min. in Salzwasser sprudelnd kochen lassen, eiskalt abschrecken und gut abtropfen lassen. Den Backofen auf 50° (Umluft 40°) vorheizen.

4 Das Öl in einem breiten Topf auf 180° erhitzen (siehe Tip). Eiweiße steif schlagen und unter den Teig heben. Jeweils eine Portion Gemüse auf eine Gabel spießen und durch den Teig ziehen. Dann ins heiße Öl geben und darin in 4–5 Min. goldbraun fritieren.

5 Das Gemüse mit einer Schaumkelle herausnehmen und auf Küchenpapier kurz abtropfen lassen. In einer feuerfesten Form im Backofen warm halten. Mit den weiteren Portionen genauso verfahren.

6 Das Gemüse mit Zitronenspalten anrichten. Die Sauce mit dem beiseite gelegten Koriander garnieren und zum Dip dazu reichen.

Tip: Die richtige Temperatur des Fritieröls prüfen Sie am besten mit einem Fetthermometer. Wer keines hat, taucht einen Holzstiel ins heiße Fett: Wenn sich an ihm Bläschen bilden, ist es heiß genug.

Zutaten für 4–6 Personen:

1 kleine Steckrübe (etwa 400 g, ersatzweise Kohlrabi)
2 mehligkochende Kartoffeln (etwa 300 g)
2 Eier
2 gehäufte EL Weizenmehl, Type 1050
2 EL Schmand
2 TL Zitronensaft
Salz
2 TL Currypulver
Pfeffer
1 Bund glatte Petersilie
2 EL Weißweinessig
9 EL Sonnenblumenöl
1 Stück frischer Ingwer (etwa 2 cm, oder 1 TL Ingwerpulver)
2 Schalotten
200 g Feldsalat
Und: Mango Chutney nach Belieben

Zubereitungszeit: 1 1/4 Std. Bei 6 Personen pro Portion etwa: 636 kJ / 152 kcal 3 g EW / 7 g F / 20 g KH

Preiswert

Steckrüben-Kartoffel-Puffer

1 Die Steckrübe und die Kartoffeln schälen und auf der Rohkostreibe raffeln. Mit den Eiern, dem Mehl, Schmand, Zitronensaft, Salz und den Gewürzen zu einem Teig verrühren. Die Petersilie waschen, 1 Zweig beiseite legen. Die restlichen Blätter abzupfen, fein hacken und dazugeben.

2 Essig, Salz, Pfeffer und 4 EL Öl zu einer Marinade verrühren. Den Ingwer schälen und fein dazureiben. Die Schalotten schälen und klein würfeln, hinzufügen. Die Vinaigrette bis zum Servieren beiseite stellen. Den Feldsalat verlesen, die harten Wurzelenden entfernen. Den Salat ebenfalls beiseite stellen. Den Backofen auf 50° (Umluft 40°) vorheizen.

3 Nach und nach das übrige Öl in einer großen Pfanne erhitzen, den Teig eßlöffelweise hineingeben und sofort flach drücken. Bei schwacher Hitze portionsweise 24 Plätzchen 5 Min. von jeder Seite braten. Auf Küchenpapier kurz abtropfen lassen, im vorgeheizten Backofen warm halten.

4 Den Feldsalat waschen und trockenschleudern. Den Salat mit der Vinaigrette vermischen. Die Puffer mit einem Klecks Mango Chutney anrichten. Mit Petersilie garnieren und sofort servieren. Den Feldsalat dazu reichen.

Tip: Die Menge reicht als sättigende Zwischenmahlzeit für 4, als Vorspeise für 6 Personen.

Der Tip vom Profi

Wenn Sie frischen Spargel auch außerhalb der Saison genießen möchten, frieren Sie ihn ein. Dazu den Spargel schälen, blanchieren, eiskalt abschrecken und gut trocken tupfen. Damit die Stangen beim Einfrieren nicht aneinanderkleben, sollten sie (z. B. in einer breiten Gefrierbox) einzeln 2–3 Std. vorgefroren und erst dann portionsweise in Gefrierbeutel verpackt werden. So halten sie sich sechs Monate.

Zutaten für 4 Personen:

250 g Spargel
150 g Zuckerschoten
150 g Broccoliröschen
150 g Blumenkohlröschen
2 EL Butter
3 Schalotten
1/8 l Weißwein oder Gemüsebrühe
2 TL Speisestärke
250 g Sahne
2 EL trockener Wermut nach Belieben
Salz
Pfeffer
3 Zweige Kerbel

Zubereitungszeit: 45 Min.
Pro Portion etwa:
1388 kJ / 332 kcal
8 g EW / 25 g F / 15 g KH

Läßt sich gut vorbereiten

Feines Gemüseragout

1 Den Spargel waschen, schälen und die holzigen Enden abschneiden. Dann den Spargel in 2 cm große Stücke schneiden, die Spitzen etwas länger belassen. Zuckerschoten, Broccoli- und Blumenkohlröschen waschen. Große Zuckerschoten quer halbieren. Die Broccoli- und Blumenkohlröschen gut trennen.

2 In einem Topf die Butter erhitzen, die Schalotten schälen, hacken, hinzufügen und kurz anschwitzen lassen. Alle Gemüse, außer den Spargelspitzen, dazugeben und kurz mitdünsten. Mit Weißwein oder Brühe ablöschen und zugedeckt 15 Min. bei schwacher Hitze garen.

3 In einem Topf die Speisestärke mit der Sahne und nach Belieben mit Wermut verrühren. Das Gemüse abgießen, dabei den Sud auffangen. Den Sud zur Sahne geben, offen kochen lassen, bis eine sämige Sauce entsteht. Mit Salz und Pfeffer abschmecken. Die Spargelspitzen dazugeben und bei schwacher Hitze darin ziehen lassen.

4 Kerbel abbrausen. Das Gemüse in vier kleinen Portionsförmchen oder auf Portionstellern anrichten. Die Spargelspitzen dazugeben und mit der Sauce übergießen. Mit dem Kerbel garnieren.

Variante:
Gemüsetaschen

500 g tiefgekühlten Blätterteig ausrollen, in vier Rechtecke schneiden, mit Eigelb bestreichen und auf einem Backblech im Ofen 10–12 Min. bei 220° (Umluft 200°) backen. Die Rechtecke quer durchschneiden. 4 Teigrechtecke auf die Teller legen, das heiße Gemüseragout darauf anrichten und mit den restlichen 4 Rechtecken belegen.

Kaltes Gemüse-Gratin

Zutaten für 4 Personen:
1 Aubergine (etwa 400 g)
Salz
750 g Tomaten
500 g Zucchini
8 EL Olivenöl
Pfeffer
Paprikapulver, rosenscharf
4 Knoblauchzehen
75 g geriebener Hartkäse (harter Pecorino, Parmesan oder Greyerzer)
50 g Semmelbrösel
1 Bund Dill
4–5 EL Zitronensaft
1 Zitrone zum Garnieren
Und: Öl für die Form

Zubereitungszeit: 45 Min.
(+ 1 1/4 Std. Backzeit
+ 30 Min. Abkühlzeit)
Pro Portion etwa:
1234 kJ / 295 kcal
13 g EW / 15 g F / 31 g KH

Läßt sich gut vorbereiten

1 Die Aubergine waschen, putzen und in 1/2 cm dicke Scheiben schneiden, salzen und 20 Min. ziehen lassen. Inzwischen die Stielansätze der Tomaten entfernen. Tomaten kurz überbrühen, häuten und in 1/2 cm dicke Scheiben schneiden. Die Zucchini waschen und ebenfalls in 1/2 cm dicke Scheiben schneiden.

2 Den Backofen auf 175° vorheizen. Eine runde oder längliche Auflaufform einfetten. Auberginenscheiben mit Küchenpapier trockentupfen. In einer beschichteten Pfanne 4 EL Olivenöl erhitzen, die Auberginenscheiben bei mittlerer Hitze auf jeder Seite 3–4 Min. braten, auf Küchenpapier entfetten.

3 Tomaten-, Zucchini- und Auberginenscheiben abwechselnd dachziegelartig in die Form schichten, jede Schicht mit Salz, Pfeffer und Paprikapulver bestreuen. Die Knoblauchzehen schälen und durch die Presse darüber drücken. Den geriebenen Käse mit den Semmelbröseln vermischen und über das Gemüse streuen, alles mit dem restlichen Olivenöl beträufeln. Im Ofen (Mitte, Umluft 160°) 1 1/4 Std. backen, bis die Oberfläche gebräunt ist.

4 Die Form aus dem Ofen nehmen und den Auflauf abkühlen lassen. Den Dill waschen, die Blättchen fein hacken, über das kalte Gratin streuen, den Zitronensaft darüber träufeln. Mit Zitronenvierteln garnieren und kalt als Vorspeise oder Beilage servieren.

Tip: Statt des Käses geriebene Hasel- oder Walnüsse nehmen und eventuell etwas mehr Öl darüber träufeln.

Zutaten für 4 Personen:

1 EL geschälter Sesam
300 g zarter Blattspinat
200 g frische Shiitake-Pilze (siehe Tip)
1 kleine rote Paprikaschote
5 EL Gemüsefond (aus dem Glas) oder Gemüsebrühe
2 EL Obstessig
2 EL Sojasauce
1 EL Sesamöl
1/2 TL Zucker
Cayennepfeffer
2 EL Sherry Fino nach Belieben
1 Stück frischer Ingwer (etwa 2 cm oder 1 TL Ingwerpulver)
1 Knoblauchzehe
2 Frühlingszwiebeln
2 EL Erdnußöl
Salz
Pfeffer

Zubereitungszeit: 30 Min.
Pro Portion etwa:
556 kJ / 133 kcal
4 g EW / 8 g F / 12 g KH

Schnell

Süß-saurer Spinatsalat mit Shiitake-Pilzen

1 Den Sesam in einer trockenen Pfanne ohne Fett goldbraun rösten, beiseite stellen. Den Spinat verlesen, die groben Stiele entfernen. Spinat waschen und abtropfen lassen. Die Pilze nur mit Küchenpapier abreiben und der Länge nach in dünne Scheibchen schneiden. Die Paprikaschote putzen und waschen, dann in schmale Streifen schneiden.

2 Für die Sauce Gemüsefond oder -brühe, Essig, Sojasauce, Sesamöl, Zucker, Cayennepfeffer und nach Belieben Sherry in einem Schälchen verquirlen. Die Sauce beiseite stellen.

3 Ingwer und Knoblauch schälen und sehr fein würfeln, die Frühlingszwiebeln waschen, putzen und in feine Ringe schneiden. In einer Pfanne das Öl bei mittlerer Hitze heiß werden lassen. Ingwer, Knoblauch und Frühlingszwiebeln darin kurz andünsten. Pilze und Paprikastreifen hinzufügen und unter Rühren 3 Min. mitdünsten, leicht salzen und pfeffern. Aus der Pfanne nehmen und zugedeckt beiseite stellen.

4 Die vorbereitete Sauce in die Pfanne gießen, einmal aufkochen lassen. Den Spinat darin wenden, mit dem Gemüse auf Tellern dekorativ anrichten. Nach Belieben die restliche Sauce darüber träufeln. Mit dem Sesam bestreuen.

Tip: Greifen Sie zu, wenn Sie Shiitake-Pilze bei Ihrem Gemüsehändler entdecken. Der hocharomatische Zuchtpilz steht Steinpilzen und Pfifferlingen in nichts nach. Falls Sie kein Glück haben, nehmen Sie ersatzweise Austernpilze.

Zutaten für 4 Personen:

4 kleine Knollen rote Beten (400 g)
2 EL Aceto balsamico
Meersalz
Pfeffer
2 Prisen Senfpulver
3 1/2 EL kaltgepreßtes Olivenöl
1 TL frisch gehackter Thymian
2 Orangen
100 g Radicchio
1/2 Endiviensalat
100 g Ziegenkäse

Zubereitungszeit: 45 Min.
Pro Portion etwa:
686 kJ / 164 kcal
8 g EW / 8 g F / 19 g KH

Vollwertig

Warmer Blattsalat mit roten Beten

1 Die roten Beten waschen, putzen (die Knollen dabei nicht anschneiden) und in einen Dämpfeinsatz geben. In einem breiten Topf etwa 200 ml Wasser zum Kochen bringen und den Dämpfeinsatz hineinstellen. Die roten Beten zugedeckt bei schwacher Hitze 30 Min. über dem Wasser dämpfen.

2 Inzwischen für die Salatsauce Essig, Salz, Pfeffer und Senfpulver in einer Schüssel vermischen. 3 EL Öl und Thymian unterrühren. Die Orangen warm waschen, abtrocknen und über der Schüssel so schälen, daß auch die weiße Fruchthaut entfernt wird, den Saft in der Schüssel auffangen. Die Orangen vierteln, eventuell vorhandene Kerne entfernen und die Orangen in etwa 1 cm dicke Scheiben schneiden, beiseite stellen.

3 Radicchio und Endiviensalat putzen und erst in Blätter, dann in mundgerechte Stücke teilen. Den Salat waschen und trockenschleudern. Die roten Beten abgießen, schälen, vierteln und in 1/2 cm dicke Scheiben schneiden. Die Hälfte der Salatsauce darüber geben, salzen und pfeffern. Beiseite stellen. Den Ziegenkäse ebenfalls in 1/2 cm dünne Scheiben schneiden.

4 Das restliche Öl in einer großen Pfanne erhitzen. Die Orangenscheiben bei mittlerer Hitze je Seite 1 Min. darin bräunen, dann mit den roten Beten vermischen. Den Salat kurz durch die heiße Pfanne schwenken. Er soll warm werden, aber nicht zerfallen. Den Salat in die Schüssel geben und mit der restlichen Sauce vermischen. Den Blattsalat auf Tellern verteilen und rote Beten, Orange und Ziegenkäse darauf anrichten. Dazu paßt warmes Fladenbrot.

Zutaten für 4 Personen:

2 Dosen Kichererbsen (je 400 g Füllgewicht)
4 Tomaten (etwa 400 g)
2 milde weiße Zwiebeln
4 EL Zitronensaft
1–2 Kardamomkapseln (nur die schwarzen Kerne)
1–2 Gewürznelken
je 1/2 TL schwarze Pfefferkörner und Kreuzkümmel
1/2 TL gemahlener Zimt
1/2 TL frisch gemahlene Muskatnuß
300 g Vollmilch- oder Sahne-Joghurt
Salz
2 Knoblauchzehen
1/2 Bund Koriander oder glatte Petersilie

Zubereitungszeit: 30 Min.
Pro Portion etwa:
1121 kJ / 268 kcal
10 g EW / 6 g F / 46 g KH

Schnell

Kichererbsensalat

1 Die Kichererbsen in ein Sieb abgießen und abtropfen lassen. Die Tomaten waschen und mit einem scharfen Messer spiralförmig wie einen Apfel schälen, dabei die Stielansätze entfernen. Die Tomatenschalen zur Seite legen.

2 Die geschälten Tomaten halbieren und entkernen, das Fruchtfleisch in 1/2 cm dicke Streifen schneiden. Zwiebeln schälen und in 1/2 cm dicke Streifen schneiden. Tomaten, Zwiebeln und Kichererbsen vermischen und mit Zitronensaft beträufeln, beiseite stellen.

3 Kardamom, Nelken, Pfeffer und Kreuzkümmel in einem trockenen Pfännchen erhitzen, bis sie kräftig duften. In einem Mörser zerstoßen und mit Zimt und Muskat vermischen. Die Gewürze unter den Joghurt rühren. Den Knoblauch schälen und dazupressen, die Joghurtsauce mit Salz abschmecken. Koriander oder Petersilie waschen, die Blättchen hacken. Den Salat auf einer tiefen Platte anrichten, die Joghurtsauce darüber verteilen. Die Tomatenschalen zu Blüten aufrollen und um den Salat legen. Alles mit Koriander oder Petersilie bestreuen und gleich servieren.

Tips: Wenn es noch schneller gehen soll, können Sie statt der Gewürze auch eine Garam-Masala-Gewürzmischung (aus der Asien-Abteilung) nehmen.

Wer keine Dosenware mag, der weicht 250 g getrocknete Kichererbsen mit 1 Msp. Natron 10–14 Std. in kaltem Wasser ein. Dann die Kichererbsen im Einweichwasser mit 1 Lorbeerblatt zugedeckt bei schwacher Hitze in 1–1 1/2 Std. weich garen.

Türkischer Bulgursalat

Zutaten für 4 Personen:

300 ml Gemüsebrühe
200 g Bulgur
300 g reife Tomaten
1 frische rote Chilischote (siehe Tip)
2 Lauchzwiebeln
je 1/2 rote und grüne Paprikaschote
1/2 Bund Petersilie
2–4 EL Tomatenmark
3 EL Zitronensaft
2 EL kaltgepreßtes Olivenöl
Salz
Pfeffer

Zubereitungszeit: 30 Min. (+ 30 Min. Marinierzeit)
Pro Portion etwa: 1343 kJ / 321 kcal
12 g EW / 6 g F / 61 g KH

Für Gäste

1 Die Gemüsebrühe in einem Topf aufkochen, den Bulgur einrühren. Den Topf vom Herd nehmen, den Bulgur zugedeckt 25 Min. ausquellen lassen. Inzwischen Stielansätze der Tomaten entfernen. Tomaten kurz überbrühen, häuten, quer halbieren und entkernen. Das Fruchtfleisch klein würfeln.

2 Die Chilischote längs aufschneiden, die Kerne und Trennwände unter fließendem Wasser entfernen, die Schote ganz fein würfeln.

3 Die Lauchzwiebeln waschen und putzen, in 1/2 cm dicke Scheiben schneiden. Paprikaschoten waschen und putzen, in kleine Stücke schneiden. Petersilie waschen und die Blättchen hacken. Tomatenmark, Zitronensaft, Olivenöl, Salz, Pfeffer und gehackte Petersilie verrühren und unter den Bulgur mischen. Tomaten, Chilischote, Lauchzwiebeln und Paprikaschoten dazugeben und untermengen. Bis zum Servieren etwas durchziehen lassen. Nach Belieben noch einmal abschmecken.

Dazu paßt türkisches Sesam-Fladenbrot.

Tips: Am besten tragen Sie beim Putzen von Chilischoten Gummihandschuhe, denn die Schärfe der Kerne haftet noch lange an den Fingern. Auf jeden Fall nach dem Putzen gründlich die Hände waschen und nicht an die Augen oder Schleimhäute kommen!

Statt der frischen Chilischote können Sie auch 2 getrocknete im Mörser zerreiben und mit der Brühe aufkochen.

Zutaten für 4 Personen:

1 Romanasalat
200 g Salatgurke
4 kleine Tomaten
1/2 rote Paprikaschote
2 hartgekochte Eier
2 EL ungesalzene Erdnußkerne (aus dem Reformhaus)
2 Stengel frisches Zitronengras (siehe Tip)
4 EL Erdnußöl
5–6 EL Zitronensaft
2 TL Sambal Oelek
1 TL Honig
gemahlener Koriander
Salz
weißer Pfeffer

Zubereitungszeit: 30 Min.
Pro Portion etwa:
837 kJ / 200 kcal
7 g EW / 12 g F/ 18 g KH

Schnell

Thailändischer Salat

1 Romanasalat putzen, waschen, trockenschleudern und in fingerbreite Streifen schneiden. Die Gurke waschen, dann mit einem Zitrusschäler streifig schälen (oder mit einem Messer längs rundum kleine Keile ausschneiden), längs halbieren und quer in Scheiben schneiden.

2 Tomaten waschen, Stielansätze entfernen. Die Paprikaschote waschen und putzen. Tomaten in Scheiben, Paprikaschote in Streifen schneiden. Hartgekochte Eier pellen und in Scheiben schneiden.

3 Die Erdnüsse im Blitzhacker oder mit der Mandelmühle fein mahlen. Das Zitronengras waschen, nur den unteren, weißen Teil sehr fein hacken und mit Erdnüssen, Erdnußöl, Zitronensaft, Sambal Oelek und Honig verrühren. Alles mit Koriander, Salz und Pfeffer abschmecken. Die Salatzutaten auf kleine Teller anrichten, mit dem Dressing beträufeln und servieren.

Dazu passen gebackene Krabbenchips (Kroepoek) aus dem Asienladen.

Variante:
Indonesischer Salat

Je 250 g Chinakohl, Lauchzwiebeln, Möhren und Staudensellerie in feine Streifen schneiden, auf Tellern anrichten und mit blanchierten Sojabohnensprossen bestreuen. Die Salatsauce noch mit etwas zerdrücktem Knoblauch würzen und darüber träufeln.

Tip: Die 2 Stengel frisches Zitronengras lassen sich durch 1/2 TL Zitronengraspulver (Sereh) aus dem Asienregal oder 1/2 TL gefriergetrocknetes Zitronengras aus dem Asiengeschäft ersetzen.

Zutaten für 4 Personen:

2 EL Aceto balsamico
2 EL Apfelsaft
Meersalz
Pfeffer
3 EL kaltgepreßtes Olivenöl
2 sonnengetrocknete Tomaten
1/2 Kopf Eichblattsalat
125 g gemischte Keimlinge (z. B. Sojasprossen, Alfalfa, Rettich, Kresse; siehe Info Seite 88)
2 Nektarinen
4 Zweige Minze
4 Scheiben Vollkorntoast
80 g Schafkäse

Zubereitungszeit: 30 Min.
Pro Portion etwa:
1034 kJ / 275 kcal
12 g EW / 16 g F/ 31 g KH

Vollwertig

Keimlingssalat mit Käse-Croûtons

1 Den Backofen auf 220° (Umluft 200°) vorheizen. Für die Salatsauce Essig, Apfelsaft, Salz und Pfeffer vermischen, das Öl unterrühren. Sonnengetrocknete Tomaten kleinschneiden und untermischen. Den Salat putzen, waschen und trockenschleudern. Die Blätter in mundgerechte Stücke zerpflücken.

2 Die Keimlinge waschen, trockenschleudern und mit der Salatsauce vermischen. Die Nektarinen waschen, entkernen und in dünne Scheiben schneiden. Die Minze waschen.

3 Die Brotscheiben toasten, inzwischen den Käse in dünne Scheiben schneiden. Die Toasts mit dem Käse belegen und im Ofen (oben) 5 Min. überbacken.

4 Den Salat auf die Teller verteilen. Die Nektarinen daraufgeben. Die Keimlinge obenauf setzen und den Salat mit Salatsauce beträufeln. Die Käsetoastbrote halbieren und dann in 1 1/2 cm breite Streifen schneiden. Den Salat mit den Käse-Croûtons und der Minze garnieren.

Variante:
Keimlingssalat mit Orangen und Avocado

Statt Nektarinen 2 in Scheiben geschnittene unbehandelte Blutorangen verwenden. Den beim Aufschneiden austretenden Saft statt des Apfelsaftes für die Vinaigrette verwenden und 1/4 TL geriebene Orangenschale in die Vinaigrette geben. 1/2 Avocado in Kugeln ausstechen oder in Würfel schneiden und mit 1 EL Zitronensaft beträufeln. Den Salat damit dekorieren.

SUPPEN UND EINTÖPFE

Zutaten für 4 Personen:

1 kg frischer orangefarbener Gärtner- oder Muskatkürbis
3 mehligkochende Kartoffeln (etwa 450 g)
1 Zwiebel
1 Knoblauchzehe
1 Stück frischer Ingwer (etwa 2 cm oder 1 TL Ingwerpulver)
2 rote getrocknete Chilischoten
1 l Gemüsebrühe
2 EL Butterschmalz
2 TL gemahlener Koriander
1 TL Kurkuma (Gelbwurzpulver)
Salz
Pfeffer
50 g gehackte Mandeln
2 Frühlingszwiebeln
100 g Crème fraîche
Cayennepfeffer
1–2 EL Zitronensaft

Zubereitungszeit: 50 Min.
Pro Portion etwa:
2058 kJ / 492 kcal
14 g EW / 23 g F / 63 g KH

Läßt sich gut vorbereiten

Scharfe Kürbis-Kartoffel-Suppe

1 Aus dem Kürbis die Kerne entfernen, die Schale abschneiden und das Fruchtfleisch in kleine Würfel schneiden. Die Kartoffeln schälen und klein würfeln. Die Zwiebel, die Knoblauchzehe und den Ingwer schälen und fein würfeln. Die Chilischoten entstielen, leicht zerdrücken und die Kerne entfernen. In einem Topf die Gemüsebrühe erhitzen.

2 Inzwischen in einem Topf das Butterschmalz bei mittlerer Hitze heiß werden lassen, Zwiebel und Knoblauch darin glasig dünsten. Ingwer, Chilischoten, Kürbis- und Kartoffelwürfel hinzufügen und 2 Min. unter Rühren mitdünsten. Mit dem Koriander und Kurkuma bestäuben und die Gewürze unter Rühren kurz anschwitzen. Die heiße Brühe dazugießen, alles zum Kochen bringen. Mit Salz und Pfeffer würzen. Die Hitze herunterschalten und das Gemüse zugedeckt bei schwacher Hitze in 15 Min. weich garen.

3 Inzwischen die Mandeln in einer beschichteten Pfanne ohne Fett goldbraun rösten, beiseite stellen. Die Frühlingszwiebeln waschen, putzen und in feine Ringe schneiden.

4 Zwei Schaumlöffel voll Gemüse aus der Suppe herausnehmen und zugedeckt beiseite stellen, dann die Suppe mit dem Pürierstab glattpürieren. Die Crème fraîche schaumig unterschlagen, die Suppe mit Salz, Pfeffer, Cayennepfeffer und Zitronensaft kräftig abschmecken.

5 Die Suppe auf vorgewärmten Tellern anrichten, das beiseite gestellte Gemüse darauf verteilen. Die Frühlingszwiebeln und gerösteten Mandeln darüber streuen.

Tip: Wenn Sie keinen Kürbis bekommen, dann nehmen Sie 750 g Zucchini anstelle von 1 kg Kürbis.

Zutaten für 4 Personen:

- 500 g Mangold
- 1 mehligkochende Kartoffel (etwa 200 g)
- 30 g frischer Kerbel
- 2 Schalotten
- 40 g Butter
- 600 ml Gemüsefond (aus dem Glas)
- 1/8 l trockener Weißwein (oder Gemüsefond und 1/2 EL Zitronensaft)
- 250 g Sahne
- 1/8 l Weißweinessig
- 4 Eier
- Salz
- Pfeffer
- frisch geriebene Muskatnuß
- 1 Prise Zucker
- 1 EL Zitronensaft

Zubereitungszeit: 50 Min.
Pro Portion etwa:
2092 kJ / 500 kcal
16 g EW / 31 g F / 40 g KH

Für Gäste

Mangoldcremesuppe mit pochiertem Ei

1 Die Mangoldstaude in Blätter zerlegen, waschen und putzen. Die Stiele von den Blättern abtrennen und in dünne Scheiben schneiden. Die Blätter des Mangolds in feine Streifen schneiden, 50 g abnehmen und beiseite stellen. Die Kartoffel schälen und würfeln. Den Kerbel abbrausen, die Blättchen abzupfen und beiseite legen.

2 Die Schalotten schälen und fein hacken. Die Butter in einem Topf bei mittlerer Hitze heiß werden lassen. Die Schalotten darin glasig dünsten. Mangoldstiele und die Kartoffelwürfel hinzufügen und 3 Min. mitdünsten. Die Mangoldstreifen (bis auf die 50 g) untermischen. Gemüsefond, Wein (oder statt des Weins Gemüsefond und Zitronensaft) sowie Sahne angießen und zugedeckt bei schwacher Hitze 20 Min. köcheln lassen.

3 Inzwischen 1 l Wasser zum Kochen bringen, Essig dazugeben und einmal aufkochen lassen. Vom Herd nehmen. Eier einzeln aufschlagen, vorsichtig ins Wasser gleiten lassen und in 4–6 Min. pochieren. Die Suppe vom Herd nehmen und glattpürieren. Mit Salz, Pfeffer, Muskat, Zucker und Zitronensaft abschmecken, einmal aufkochen.

4 Die Kerbelblätter nach Belieben fein hacken. Die Eier aus dem Wasser nehmen, gut abtropfen lassen und auf vorgewärmte Teller geben. Kerbel unter die Mangoldsuppe ziehen und die Suppe über die pochierten Eier geben. Mit den beiseite gestellten Mangoldstreifen bestreuen.

Als Imbiß mit geröstetem Weißbrot servieren.

Tip: Statt der pochierten können Sie auch hartgekochte Eier nehmen – pellen, fein hacken und zum Schluß auf die Suppe streuen.

Bayerische Kerbelsuppe

Zutaten für 4 Personen:

150 g Kerbel
1 mehligkochende Kartoffel (etwa 200 g)
2 Frühlingszwiebeln
1 EL Butterschmalz
3/4 l Gemüsebrühe
Meersalz
Pfeffer
125 g Sahne

Zubereitungszeit: 25 Min.
Pro Person etwa:
1548 kJ / 370 kcal
16 g EW / 16 g F / 51 g KH

Gelingt leicht

1 Den Kerbel waschen, trockenschleudern und die Blättchen von den Stielen streifen. Einige Blättchen zur Dekoration beiseite stellen. Den übrigen Kerbel hacken. Die Kartoffel waschen, schälen und sehr kleinschneiden. Die Frühlingszwiebeln putzen, waschen und kleinschneiden.

2 In einem Topf das Butterschmalz erhitzen. Zwiebeln und Kartoffel darin bei mittlerer Hitze 5 Min. andünsten. Den Kerbel unterrühren und 1 Min. mitdünsten. Mit der Gemüsebrühe aufgießen, aufkochen lassen und zugedeckt 5 Min. garen. Die Suppe mit dem Pürierstab pürieren. Mit Salz und Pfeffer würzen. Die Sahne mit dem Pürierstab unterschlagen. Die Suppe auf die Teller verteilen und mit Kerbelblättchen garnieren.

Erbsensüppchen

Zutaten für 4 Personen:

1 kg frische grüne Erbsen
2 Schalotten
1 EL Butter
1/2 l Gemüsebrühe
125 g Sahne
Salz
weißer Pfeffer
1 Prise Zucker
2 Zweige frische Minze

Zubereitungszeit: 45 Min.
Pro Portion etwa:
1577 kJ / 377 kcal
16 g EW / 14 g F / 50 g KH

Läßt sich gut vorbereiten

1 Die Erbsen enthülsen. Die Schalotten schälen und fein hacken. In einem Topf die Butter erhitzen, drei Viertel der Erbsen und die Schalotten hineingeben und 2 Min. darin andünsten. Mit der Brühe ablöschen, aufkochen lassen. Die Hitze reduzieren und die Suppe zugedeckt bei schwacher Hitze 15 Min. köcheln lassen, dann mit dem Pürierstab pürieren.

2 Die restlichen Erbsen hinzufügen und 5 Min. bei schwacher Hitze garen. Die Sahne steifschlagen. Etwa 4 Teelöffel davon für die Garnitur zurückbehalten.

3 Die restliche Sahne zur Suppe geben und mit dem Schneebesen kurz schlagen. Die Suppe mit Salz, Pfeffer und dem Zucker abschmecken. Die Minze waschen, die Blättchen fein hacken. Die Suppe in kleine Suppentassen anrichten. Je einen Klecks steif geschlagener Sahne darauf geben und mit der Minze bestreuen.

Tip: Diese Suppe läßt sich auch gut mit tiefgekühlten Erbsen zubereiten, allerdings ist der Geschmack von frischen nicht zu übertreffen.

Schwarzwurzelsuppe mit Kresse

Zutaten für 4 Personen:

1 kg Schwarzwurzeln
2 EL Zitronensaft
1 l Gemüsebrühe
1 Schalotte
1 EL Butter
1 EL Mehl
125 g Sahne
Salz
weißer Pfeffer
50 g Gartenkresse

Zubereitungszeit: 1 Std.
Pro Portion etwa:
1891 kJ / 452 kcal
14 g EW / 15 g F / 69 g KH

Preiswert

1 In einer Schüssel 1 l kaltes Wasser mit Zitronensaft verrühren. Die Schwarzwurzeln unter fließendem Wasser bürsten und schälen, dabei Gummihandschuhe tragen, damit sich die Hände nicht verfärben. Die Wurzeln quer halbieren und sofort in das Zitronenwasser legen.

2 In einem Topf die Gemüsebrühe zum Kochen bringen. Die Schwarzwurzeln in dünne Scheiben schneiden. In der Brühe 15–20 Min. kochen. Inzwischen die Schalotte schälen und fein hacken. Die Butter in einem Topf erhitzen und die Schalotte darin glasig dünsten, mit dem Mehl bestäuben, mit 100 ml Sud ablöschen. Die Sahne dazugießen und unter Rühren 5 Min. köcheln lassen.

3 Zwei Drittel der Schwarzwurzeln aus dem Sud heben. Mit 1/4 l Kochsud zur Sahnesauce geben und mit dem Pürierstab glattpürieren. Die restlichen Schwarzwurzeln aus dem Sud heben und mit dem Schwarzwurzelpüree vermischen. Nach Bedarf mit dem restlichen Sud verdünnen und mit Salz und Pfeffer würzen. Die Suppe 10 Min. bei schwacher Hitze zugedeckt köcheln lassen.

4 Inzwischen die Kresse abbrausen, abschneiden und hacken. Die Suppe in eine Suppenschüssel geben oder auf Suppentassen verteilen. Mit der Kresse bestreuen.

Variante:
Spargelsuppe

600 g geputzten weißen Spargel in 1 l Salzwasser garkochen, abgießen, den Sud aufheben. 1 fein gehackte Schalotte in 30 g Butter dünsten, mit 1 EL Mehl bestäuben. Spargel in Stücke schneiden und mit 1/2 l Sud zur Schalotte geben. 10 Min. köcheln lassen, dann pürieren. 6 EL heiße Milch dazugeben, aufkochen lassen. 4 EL Créme fraîche unterrühren, bei Bedarf mit etwas Spargelsud verdünnen. Mit Salz und weißem Pfeffer abschmecken, anrichten und mit 2 EL gehacktem Kerbel bestreuen.

Zutaten für 4 Personen:

1 Zwiebel
150 g Möhren
2 dünne Stangen Lauch (etwa 250 g)
60 g Butter
1 l Gemüsebrühe
100 g Grünkernschrot
2 Scheiben Vollkorntoast
1 Handvoll Alfalfa-Sprossen
1 EL Liebstöckelblätter (ersatzweise 2 TL gehackte Thymianblätter)
Meersalz · Pfeffer
frisch geriebene Muskatnuß
100 g Crème fraîche

Zubereitungszeit: 45 Min.
Pro Portion etwa:
1974 kJ / 472 kcal
14 g EW / 23 g F / 63 g KH

Vollwertig

Grünkern-Schaumsuppe

1 Die Zwiebel schälen, die Möhren gründlich waschen, den Lauch putzen, längs aufschneiden und waschen. Alles fein würfeln und in 40 g Butter 5 Min. dünsten. Ein Drittel davon herausnehmen und zugedeckt beiseite stellen. Die Gemüsebrühe erhitzen. Grünkernschrot unter das übrige Gemüse mischen, 3 Min. andünsten. Mit der heißen Brühe auffüllen und zugedeckt bei schwacher Hitze 20 Min. ausquellen lassen. Gelegentlich umrühren.

2 Inzwischen den Toast würfeln und in der übrigen Butter in einer Pfanne goldbraun rösten. Sprossen abbrausen und gut abtropfen lassen. Liebstöckel waschen und in feine Streifen schneiden.

3 Die Suppe mit Salz, Pfeffer und Muskat kräftig würzen. Die Crème fraîche einrühren und mit dem Pürierstab schaumig aufschlagen. Mit Liebstöckel würzen und noch 5 Min. ziehen lassen. Die Suppe anrichten, das beiseite gestellte Gemüse darauf verteilen. Mit den Croûtons und Sprossen bestreuen.

Gerstenrahmsuppe

1 Die Butter in einem hohen Topf bei mittlerer Hitze heiß werden lassen. Die Zwiebel schälen, fein hacken und in der Butter andünsten. Die Gerste dazugeben, 2–3 Min. mitdünsten. Die Gemüsebrühe erhitzen, zur Gerste geben und 20 Min. bei schwacher Hitze zugedeckt köcheln lassen.

2 Inzwischen Lauch putzen, längs aufschneiden und waschen. Den Sellerie schälen, die Möhre waschen. Das Gemüse ganz klein würfeln. Den Weißwein oder Zitronensaft und die Gemüsewürfel zur Brühe geben und noch 15–20 Min. weiterköcheln, bis die Gerstenkörner gar sind. Die Suppe sollte schön sämig sein.

3 Zuletzt die Crème fraîche unterrühren, mit Salz und Pfeffer kräftig abschmecken und nochmals langsam aufkochen. Anrichten und mit dem Schnittlauch bestreuen.

Tip: Die Suppe wird würziger, wenn man den Schnittlauch durch Bärlauch oder Gartenkresse ersetzt und 1 EL japanische Sojasauce untermischt.

Zutaten für 4 Personen:

1 EL Butter
1 Zwiebel
100 g geschliffene, polierte Gerste (Perlgraupen)
1 1/2 l Gemüsebrühe
1 dünne Stange Lauch
50 g Knollensellerie
1 junge Möhre (50 g)
3 EL Weißwein oder 1 TL Zitronensaft
3 EL Crème fraîche
Salz · Pfeffer
2–3 EL fein geschnittener Schnittlauch

Zubereitungszeit: 30 Min.
Pro Portion etwa:
1799 kJ / 430 kcal
13 g EW / 12 g F / 70 g KH

Schnell

Zutaten für 4 Personen:

400 g junge Knollen rote Beten
2 kleine säuerliche Äpfel
2 EL Zitronensaft
2 Schalotten
700 ml Gemüsefond (aus dem Glas)
300 ml trockener Weißwein oder Gemüsefond (aus dem Glas)
2 Pimentkörner
1 Lorbeerblatt
Salz
Pfeffer
1 TL Honig
1 EL Aceto Balsamico
1/2 Bund Schnittlauch
Für die Klößchen:
1 Eiweiß
1 TL Zitronensaft
1 Prise Salz

Zubereitungszeit: 45 Min.
Pro Portion etwa:
1088 kJ / 260 kcal
7 g EW/ 3 g F/ 41 g KH

Für Gäste

Rote-Bete-Consommé mit Eischneeklößchen

1 Die Knollen der roten Beten und Äpfel schälen, vierteln und in dünne Scheiben schneiden. Einige Apfelstückchen mit Zitronensaft beträufeln und als Garnitur beiseite legen. Die Schalotten schälen und in feine Ringe schneiden.

2 Die roten Beten, Äpfel und Schalotten in einen Topf geben. Mit Gemüsefond und Wein oder Gemüsefond aufgießen und alles langsam zum Kochen bringen. Piment und Lorbeerblatt hinzufügen, salzen und pfeffern. Nach dem Aufkochen die Hitze reduzieren und die Suppe zugedeckt 20 Min. bei schwacher Hitze köcheln lassen.

3 Inzwischen für die Eischneeklößchen das Eiweiß mit Zitronensaft und Salz steif schlagen. Die Suppe in ein Sieb abgießen, die Brühe dabei auffangen. Das Gemüse leicht ausdrücken. Die Brühe erneut langsam erhitzen, mit Honig, Essig, Salz und Pfeffer abschmecken.

4 Mit 2 Teelöffeln aus dem Eischnee Klößchen abstechen und in die heiße Suppe geben. 2 Min. darin ziehen lassen. Den Schnittlauch abbrausen und in feine Röllchen schneiden. Die Consommé in vorgewärmten Suppentellern anrichten, die rohen Apfelscheibchen dazugeben. Den Schnittlauch darüber streuen.

Dazu schmeckt geröstetes Vollkorn-Toast mit Butter.

Tip: Servieren Sie die Suppe als appetitanregenden Einstieg für ein winterliches Menü – z. B. vor einem herzhaften Gemüsegericht mit Bohnen oder Linsen.

Der Tip vom Profi !

Wenn Sie Zeit – und Tränen sparen wollen, dann kaufen Sie gleich eine größere Menge frischen Meerrettich, zerkleinern ihn auf einmal im Blitzhacker und frieren ihn in kleinen Portionen in Eiswürfelbehältern ein. Vorsicht beim Öffnen des Blitzhackers: Halten Sie ihn ein wenig von sich weg, denn die scharfen Senföle des Meerrettichs reizen Augen und Nase nicht weniger stark als die der Zwiebel.

Meerrettichcremesuppe

Zutaten für 4 Personen:

1 Stange Meerrettich (etwa 100 g)
1 mittelgroße Möhre
1 Zwiebel
50 g Butter
40 g Mehl
800 ml Gemüsefond (aus dem Glas) oder Gemüsebrühe
125 g Sahne
2 Scheiben Toastbrot
1 Bund Schnittlauch
Salz
Pfeffer
1–2 EL Zitronensaft

Zubereitungszeit: 30 Min.
Pro Portion etwa:
1757 kJ / 420 kcal
9 g EW / 22 g F / 48 g KH

Schnell

1 Den Meerrettich schälen, waschen und mit der Zitronenreibe fein reiben oder im Blitzhacker zerkleinern. Die Möhre schälen und in kleine Würfel schneiden. Die Zwiebel schälen und fein würfeln.

2 In einem Topf 40 g Butter erhitzen. Die Zwiebel darin glasig dünsten. Die Möhre und den Meerrettich hinzufügen und 3 Min. mitdünsten.

3 Das Mehl darüber stäuben und unter Rühren kurz anschwitzen. Mit dem Gemüsefond und der Sahne aufgießen, unter ständigem Rühren langsam zum Kochen bringen. Die Suppe bei mittlerer Hitze 10 Min. offen köcheln lassen, gelegentlich umrühren.

4 Inzwischen das Toastbrot in kleine Würfel schneiden und in der übrigen Butter in einer Pfanne goldbraun rösten.

5 Den Schnittlauch abbrausen und in feine Röllchen schneiden. Die Suppe mit Salz, Pfeffer und Zitronensaft abschmecken. Mit Brotwürfeln und Schnittlauch bestreut servieren.

Tip: Wenn es einmal ganz fix gehen muß, können Sie statt des frischen Meerrettichs auch 3–4 EL Meerrettich aus dem Glas verwenden. Es gibt ihn inzwischen auch ungeschwefelt zu kaufen. Fertigen Meerrettich aber erst zum Schluß in die Suppe geben, da er sonst an Aroma verliert.

Polentagrießsuppe mit Paprika

Zutaten für 4 Personen:

1 kleine grüne Paprikaschote
1 kleine rote Paprikaschote
1 Knoblauchzehe
1 Schalotte
1 1/8 l Gemüsebrühe
2 EL Olivenöl
80 g Polenta
(feiner Maisgrieß)
150 g Maiskörner (aus der Dose)
Salz
Pfeffer
1/2 TL gemahlener Koriander
Tabasco
1 Bund Petersilie
150 g Crème fraîche

Zubereitungszeit: 30 Min.
Pro Portion etwa:
1849 kJ / 442 kcal
12 g EW / 17 g F / 63 g KH

Schnell

1 Die Paprikaschoten waschen, halbieren und putzen, dann in kleine Würfel schneiden. Die Knoblauchzehe schälen und zerdrücken, die Schalotte schälen und fein würfeln. Die Brühe in einem Topf heiß werden lassen.

2 Das Öl in einem Topf erhitzen, Schalotte und Knoblauch bei mittlerer Hitze darin glasig dünsten. Die Paprikaschoten hinzufügen und 3 Min. mitdünsten. Die Hitze reduzieren, die Polenta einstreuen und unter ständigem Rühren goldbraun anrösten – Vorsicht, sie darf nicht zu dunkel werden! Mit der Brühe ablöschen, aufkochen, die Hitze reduzieren und die Brühe zugedeckt 10 Min. bei schwacher Hitze leise köcheln lassen.

3 Den Mais abgießen, in einem Sieb abtropfen lassen, in die Suppe rühren. Diese mit Salz, Pfeffer, Koriander und einigen Spritzern Tabasco kräftig abschmecken.

4 Zum Schluß die Petersilie abbrausen, Blättchen abzupfen und einige zum Garnieren beiseite legen. Den Rest fein hacken und mit der Crème fraîche in die leise köchelnde Suppe rühren. Nochmals abschmecken. Mit Petersilie garnieren.

Dazu passen frische Baguette- oder Roggenbrötchen.

Tip: Statt mit Polenta können Sie die Suppe zur Abwechslung mit Hartweizengrieß zubereiten.

Zutaten für 4 Personen:

- 100 g Austernpilze
- 1 EL Erdnußöl
- 1 EL Zitronensaft
- 250 g Zucchini
- 3 Stangen Zitronengras (aus dem Asiengeschäft)
- 2 kleine frische rote Chilischoten (siehe Tip S. 55)
- 100 g geräucherter Tofu
- 75 ml Kokosmilch (aus der Dose)
- Saft von 1 Limette
- 1 TL Sojasauce
- Salz
- Pfeffer
- 1 Zweig Koriander
- 1 kleine Frühlingszwiebel
- einige Korianderblätter zum Garnieren

Zubereitungszeit: 30 Min.
Pro Portion etwa:
447 kJ / 114 kcal
5 g EW/ 8 g F/ 9 g KH

Schnell

Thailändische Suppe mit Zitronengras

1 Die Austernpilze putzen und in Streifen schneiden. In einer Pfanne 1/2 EL Erdnußöl bei mittlerer Hitze heiß werden lassen. Die Pilze darin braten, bis sie keine Flüssigkeit mehr abgeben. Den Zitronensaft untermischen, beiseite stellen.

2 Die Zucchini waschen, putzen und in kleine Würfel schneiden, im restlichen Erdnußöl 2–3 Min. dünsten. Das Zitronengras waschen, nur den unteren, weißen Teil fein hacken. Die Chilischoten waschen, längs halbieren, entkernen und in winzig kleine Würfel schneiden. Den Tofu klein würfeln.

3 Die Kokosmilch in einen Topf geben, mit dem gehackten Zitronengras aufkochen. Bei schwacher Hitze zugedeckt 10 Min. leise ziehen lassen, dann durch ein Sieb abgießen und auffangen. Die Zucchini dazugeben und pürieren. Die Suppe erneut langsam erhitzen. Die Pilze, die Tofuwürfel und den Limettensaft hinzufügen.

4 Chiliwürfelchen in beliebiger Menge, je nach gewünschter Schärfe, dazugeben. Die Suppe mit Sojasauce, Salz und Pfeffer abschmecken. Den Koriander waschen, die Blättchen abzupfen und fein hacken. Die Frühlingszwiebel waschen, putzen und in feine Röllchen schneiden. Koriander und Zwiebelröllchen auf Suppenschalen verteilen und die heiße Suppe darüber gießen. Jede Schale mit Korianderblättchen garnieren.

Zutaten für 4 Personen:

50 g Stangensellerie
1 Möhre (etwa 100 g)
1 Stück Lauch (etwa 100 g)
2 Frühlingszwiebeln
1 l Gemüsebrühe
2 EL japanische Sojasauce
Salz
1 EL Sake (oder trockener Sherry) nach Belieben
1/2 TL Wasabipulver (japanischer Meerrettich; siehe Info)
100 g Shirataki Nudeln (feine durchscheinende Nudeln; aus dem Japanladen)

Zubereitungszeit: 30 Min.
Pro Portion etwa:
1238 kJ / 296 kcal
8 g EW/ 4 g F/ 56 g KH

Schnell

Japanische Nudelsuppe

1 Den Sellerie waschen, putzen und in sehr kleine Würfel schneiden. Die Möhre schälen, den Lauch putzen, längs aufschneiden und waschen. Möhre und Lauch in sehr feine Streifen schneiden. Die Frühlingszwiebeln waschen und putzen. Das Grün in feine Ringe schneiden, die Zwiebelköpfe längs achteln.

2 Die Brühe aufkochen. Die Zwiebelköpfe hinzufügen und 5 Min. bei mittlerer Hitze garen. Danach die restlichen Gemüse dazugeben und 5 Min. weitergaren. Die Suppe mit der Sojasauce, wenig Salz und nach Belieben mit Sake abschmecken. Das Wasabipulver mit 1 EL Brühe verrühren und ebenfalls unterrühren.

3 Den Topf von der Herdplatte ziehen und die Nudeln hineingeben. Mit einer Gabel durchrühren, damit sie sich in der Flüssigkeit verteilen. 2–3 Min. darin ziehen lassen. Dann die Suppe auf Schalen verteilen und mit dem Zwiebelgrün bestreuen.

Info: Typische japanische Zutaten gibt es in vielen Asiengeschäften und in japanischen Lebensmittelgeschäften: Wasabi ist japanischer grüner Meerrettich. Er ist sehr scharf. Es gibt ihn meist als Pulver, aber auch als Paste. Ersatzweise können Sie frisch geriebenen Meerrettich nehmen.
Shiritaki-Nudeln können durch chinesische Glasnudeln ersetzt werden. Udon-Nudeln sind weiße, dicke salzige Nudeln aus Weizenmehl. Als Ersatz eignen sich chinesische Buchweizennudeln, sie haben aber eine kürzere Garzeit. Mirin ist fermentierter süßer Reiswein, der Gerichten die typisch japanische Note verleiht und nicht ersetzt werden kann.

Variante:
Udon-Nudelsuppe

150 g geputzten, gewaschenen Blattspinat 3 Min. blanchieren. 2 geputzte Lauchzwiebeln in feine Ringe schneiden. 100 g Shiitake-Pilze putzen und fein schneiden. 400 g Udon-Nudeln 10 Min. in Wasser kochen. Inzwischen 1 l Gemüsebrühe aufkochen. Pilze hineingeben und 5–6 Min. darin ziehen lassen. 160 ml japanische Sojasauce, 3 EL Mirin und 2 TL Zucker aufkochen lassen, in die Brühe rühren, vom Herd nehmen. Nudeln abgießen, auf Schalen verteilen. Lauchzwiebeln und Spinat ebenfalls verteilen. Mit Brühe auffüllen.

Kartoffelragout mit Artischocken

Zutaten für 4 Personen:

2 große Artischocken
Saft von 1/2 Zitrone
Salz
600 g neue Kartoffeln
1 Zwiebel
3 EL Sonnenblumenöl
1/2–3/4 l Gemüsebrühe
1 Lorbeerblatt
weißer Pfeffer
frischgemahlene Muskatnuß
150 g Pfifferlinge
1 Schalotte
2 Zweige Kerbel
3–4 Schnittlauchhalme
2 Zweige glatte Petersilie

Zubereitungszeit: 1 1/4 Std.
Pro Portion etwa:
1523 kJ / 364 kcal
11 g EW / 12 g F / 60 g KH

Für Gäste

Dazu paßt ein leichter Weißwein, z. B. ein Beaujolais Villages.

1 Das obere Drittel der Artischocken mit einem scharfen Messer abschneiden. Die Stiele ausbrechen, die Spitzen der Blätter mit einer Schere zurückschneiden. Die Schnittstellen sofort mit Zitronensaft abreiben.

2 Die Artischocken und die angebrauchte halbe Zitrone in einen hohen Topf geben. Mit leicht gesalzenem Wasser bedecken und 20–30 Min. zugedeckt bei mittlerer Hitze kochen. Sie sind gar, wenn die Blätter mühelos herausgezogen werden können. Im Sud ein wenig erkalten lassen.

3 Die Kartoffeln waschen, schälen und in etwa 3 mm dicke Scheiben schneiden. Die Zwiebel schälen und feinhacken. In einem Topf in 2 EL Öl glasig werden lassen. Mit 1/2 l Gemüsebrühe ablöschen. Die Kartoffeln und das Lorbeerblatt dazugeben und 10–15 Min. zugedeckt bei mittlerer Hitze kochen.

4 Inzwischen die Artischocken abgießen. Die Blätter einzeln herausziehen und mit Hilfe der stumpfen Klinge eines Messers ausdrücken. Das ausgedrückte Püree mit etwas Gemüsebrühe verrühren und beiseite stellen. Das sogenannte »Heu« aus den Artischocken herauszupfen und die Böden in kleine Würfel schneiden.

5 Das Artischockenpüree und die -würfel zu den Kartoffeln geben und untermischen. Mit Salz, Pfeffer und wenig Muskatnuß abschmecken, das Lorbeerblatt entfernen. Nach Bedarf den Eintopf mit der restlichen Gemüsebrühe verdünnen.

6 Die Pfifferlinge putzen, große längs halbieren. Die Schalotte schälen und feinhacken. Die Kräuter waschen und ebenfalls feinhacken. In einer Pfanne das restliche Öl bei mittlerer Hitze heiß werden lassen, Schalotte darin glasig dünsten. Die Pilze dazugeben und mitdünsten, bis alle austretende Flüssigkeit verdampft ist. Mit Salz und Pfeffer abschmecken. Den Eintopf anrichten. Die Pfifferlinge darüber verteilen und mit den Kräutern bestreuen.

Tip: Je nach Saison kann man auch Steinpilze oder eine Pilzmischung verwenden.

Das obere Drittel der Artischocken mit einem scharfen Messer abschneiden

Nach dem Kochen alle Blätter herausziehen und mit einem Messerrücken das Fruchtfleisch ausdrücken.

Das »Heu« und die lilafarbenen kleinen Blättchen sorgfältig aus dem Artischockenboden entfernen.

Das besondere Rezept !

Diese Suppe vereint alle Eigenschaften, die sie zum Lieblingsgericht der Köchin machen: Sie ist relativ schnell fertig, gelingt leicht, läßt sich gut vorbereiten und ist außerdem preiswert! Daß sich garantiert auch Ihre Familie für die Suppe begeistert, dafür sorgt ihr fruchtig feiner Geschmack. Für die schlanke Linie läßt sie sich statt mit geschlagener Sahne auch mit glattgerührtem Joghurt zubereiten.

Zutaten für 4 Personen:

800 g reife Tomaten
1 Zwiebel
1 Stück Lauch (80 g)
3 mittelgroße mehligkochende Kartoffeln (etwa 450 g)
3 EL kaltgepreßtes Olivenöl
1/2 l Gemüsebrühe
Meersalz
Pfeffer
1 Kräutersträußchen (je 1 Zweig Thymian, Rosmarin, Petersilie)
1 Lorbeerblatt
1 Knoblauchzehe
3 Pimentkörner
100 g Sahne
1/2 unbehandelte Orange
1 EL Kerbelblättchen oder glatte Petersilie

Zubereitungszeit: 40 Min.
Pro Portion etwa:
1259 kJ / 301 kcal
7 g EW / 14 g F / 40 g KH

Läßt sich gut vorbereiten

Kartoffel-Tomaten-Suppe mit Orangenrahm

1 Die Tomaten waschen und die Stielansätze entfernen. Die Tomaten nach Belieben überbrühen und häuten, dann in kleine Würfel schneiden. Die Zwiebel schälen und kleinschneiden. Den Lauch putzen, längs aufschneiden und gründlich waschen. Den Lauch in dünne Scheiben schneiden. Die Kartoffeln waschen, schälen, längs vierteln und quer in dünne Scheiben schneiden.

2 In einem Topf das Öl erhitzen, Zwiebel und Lauch 1 Min. bei mittlerer Hitze darin dünsten. Kartoffelscheiben unterrühren und 2 Min. mitdünsten. Die Tomaten unterrühren und 1 Min. mitdünsten. Dann mit der Gemüsebrühe aufgießen und die Suppe aufkochen lassen. Mit Salz und Pfeffer würzen und das Kräutersträußchen einlegen. Das Lorbeerblatt hinzufügen. Die Knoblauchzehe schälen und ebenfalls obenauflegen. Die Pimentkörner dazugeben.

3 Die Suppe zugedeckt bei schwacher Hitze 15 Min. garen. Dann Kräutersträußchen, Lorbeerblatt, Knoblauchzehe und Piment entfernen, und die Suppe mit dem Pürierstab pürieren.

4 Die Sahne steif schlagen. Von der Orangenschale 1/4 TL abreiben. Die Orangenhälfte auspressen. Orangenschale und 2 EL Saft unter die Sahne heben. Den restlichen Saft in die Suppe rühren und die Suppe auf die Teller verteilen. Die Orangencreme unterziehen und die Suppe mit Kerbel oder Petersilie garnieren.

Zutaten für 4 Personen:

750 g Schmorgurken (möglichst unbehandelt)
1 Aubergine (etwa 300 g)
1 rote Paprikaschote
1 grüne Paprikaschote
1 Stange Staudensellerie
1 Gemüsezwiebel
2 Knoblauchzehen
2–3 Fleischtomaten (etwa 500 g)
1 Zweig Rosmarin
1 Zweig Thymian
5 EL Olivenöl
1 Lorbeerblatt
1 TL körnige Gemüsebrühe
Salz
Pfeffer
einige Basilikumblätter

Zubereitungszeit: 45 Min.
Pro Portion etwa:
900 kJ / 200 kcal
5 g EW / 10 g F / 28 g KH

Für die schlanke Linie

Schmorgurken-Ratatouille

1 Die Gurken gründlich waschen, eventuell schälen und der Länge nach halbieren. Die Kerne mit einem Teelöffel herausschaben, dann die Gurkenhälften quer in Scheiben schneiden. Aubergine, Paprikaschoten und Sellerie waschen und putzen.

2 Aubergine in Würfel, Paprika in breite Streifen und Sellerie in Scheiben schneiden. Die Zwiebel schälen, halbieren und in dünne Halbringe schneiden. Die Knoblauchzehen schälen und fein würfeln. Die Tomaten von den Stielansätzen befreien, überbrühen, häuten, achteln und entkernen. Rosmarin und Thymian abbrausen, Nadeln und Blättchen fein hacken.

3 Das Olivenöl in einem großen Schmortopf erhitzen. Zwiebel und Knoblauch darin glasig dünsten. Gurken, Paprika, Aubergine und Sellerie dazugeben und bei mittlerer Hitze 5 Min. mitdünsten. Rosmarin, Thymian und Lorbeer hinzufügen, mit körniger Brühe, Salz und Pfeffer würzen. Die Tomaten unter das Gemüse mischen, zugedeckt bei schwacher Hitze 10 Min. sanft schmoren lassen, nochmals abschmecken. Die Basilikumblätter vor dem Servieren auf das Gemüse streuen.

Dazu paßt frisches Baguette oder weißer Reis als Beilage.

Tips: Außerhalb der Saison, die vom Hochsommer bis Herbst dauert, können Sie statt der Schmorgurken auch Salatgurken nehmen.

Junge, kleinere Schmorgurken können Sie nach sorgfältigem Waschen mit der Schale verwenden, ältere, größere Gurken werden geschält.

Wenn Sie statt Schmorgurken Zucchini verwenden, erhalten Sie das »klassische« Ratatouille.

Zutaten für 4 Personen:

- 200 g rote Linsen
- 1 mittelgroße Möhre
- 1 mehligkochende Kartoffel (etwa 150 g)
- 1 Zwiebel
- 1 l Gemüsebrühe
- 40 g Butter
- 1 EL Tomatenmark
- 1 TL Paprika, rosenscharf
- Salz · Pfeffer
- 1/2 TL gemahlener Kreuzkümmel
- 1/2 TL getrocknete Minze
- 1–2 EL Zitronensaft
- 4 TL Joghurt
- etwas frische Minze zum Garnieren

Zubereitungszeit: 30 Min.
Pro Portion etwa:
2092 kJ / 500 kcal
23 g EW / 13 g F / 76 g KH

Schnell

Rote Linsensuppe

1 Die Linsen abbrausen und abtropfen lassen. Die Möhre und Kartoffel schälen und klein würfeln. Die Zwiebel schälen und fein würfeln. Die Gemüsebrühe erhitzen.

2 Inzwischen 30 g Butter bei mittlerer Hitze heiß werden lassen, die Zwiebel darin glasig dünsten. Möhre und Kartoffel hinzufügen und 3 Min. mitdünsten. Linsen, Tomatenmark und Paprikapulver einrühren und 1 Min. anschwitzen. Mit Salz, Pfeffer, Kreuzkümmel und Minze würzen. Die heiße Brühe angießen und zugedeckt 15 Min. bei mittlerer Hitze köcheln lassen, ab und zu umrühren.

3 Die Suppe pürieren, mit Zitronensaft würzen. Auf vorgewärmten Tellern anrichten. Den Joghurt cremig rühren, je 1 TL auf die Suppe geben und mit dem Löffelstiel spiralförmig verziehen. Mit Minzeblättchen garnieren.

Pikante Bohnensuppe

1 Die Bohnen über Nacht in kaltem Wasser einweichen. Dann abgießen und in gut 1 l frischem Wasser mit Bohnenkraut und Chilischoten aufsetzen, zugedeckt bei schwacher Hitze 30 Min. garen.

2 Inzwischen Stielansätze der Tomaten entfernen. Tomaten kurz überbrühen, häuten, quer halbieren und entkernen. Das Fruchtfleisch klein würfeln. Möhren und Staudensellerie waschen, putzen und ganz klein würfeln. Zwiebeln und Knoblauch schälen und fein hacken.

3 In einer Kasserolle die Hälfte des Olivenöls erhitzen, Zwiebeln und Knoblauch darin bei mittlerer Hitze in 7–10 Min. goldbraun dünsten. Möhren und Sellerie dazugeben, die Tomaten untermischen und unter Rühren dick einkochen lassen. Dann alles mit dem Tomatenmark unter die Bohnen rühren und noch 30–45 Min. zugedeckt bei schwacher Hitze garen, nach Bedarf noch etwas Wasser dazugießen.

4 Die Suppe mit Salz und Pfeffer abschmecken, anrichten, mit gehackter Petersilie bestreuen und mit dem restlichen Olivenöl beträufeln.

Zutaten für 4 Personen:

- 250 g kleine weiße getrocknete Bohnen
- 1 Zweig Bohnenkraut
- 2 getrocknete Chilischoten
- 100 g reife Tomaten
- 2 mittelgroße Möhren
- 1 Stange Staudensellerie
- 2 Zwiebeln
- 4 Knoblauchzehen
- 6 EL Olivenöl
- 1 EL Tomatenmark
- Salz
- Pfeffer
- 2 EL grob gehackte Petersilie

Zubereitungszeit: 45 Min.
(+ 45 Min. Garzeit
+ 12 Std. Einweichzeit)
Pro Portion etwa:
1552 kJ / 371 kcal
17 g EW / 12 g F / 53 g KH

Braucht etwas Zeit

Gemüseeintopf mit Kichererbsen

Zutaten für 4 Personen:

250 g getrocknete Kichererbsen
1 Msp. Speisenatron
1 Lorbeerblatt
250 g Möhren
250 g weiße Rüben (Navets)
300 g festkochende Kartoffeln
250 g kleine Zucchini
500 g Tomaten
3 Zwiebeln
4 Knoblauchzehen
4 EL Olivenöl
1 TL Korianderkörner
1 TL Kreuzkümmel
1 EL Harissa (scharfe Chilipaste, im Spezialitätenregal)
1 TL Kurkuma
Salz · Pfeffer
2 EL gehackte Petersilie

Zubereitungszeit: 2 Std.
(+ 14 Std. Einweichzeit)
Pro Portion etwa:
1937 kJ / 463 kcal
18 g EW / 12 g F / 77 g KH

Braucht etwas Zeit

1 Die Kichererbsen abspülen, in reichlich kaltem Wasser mit Natron über Nacht (mindestens 14 Std.) einweichen.

2 Am nächsten Tag in frischem Wasser (es soll etwa 2 fingerhoch über den Kichererbsen stehen) mit dem Lorbeerblatt aufsetzen, langsam aufkochen lassen. Zugedeckt bei schwacher Hitze 30 Min. köcheln lassen.

3 Möhren, Rüben und Kartoffeln waschen, putzen, schälen und in sehr dicke Stücke schneiden. Zucchini waschen, putzen und in 4–5 cm lange Stücke schneiden. Stielansätze der Tomaten entfernen. Tomaten überbrühen, häuten, quer halbieren und entkernen, in Stücke schneiden.

4 Zwiebeln und Knoblauch schälen, grob hacken. Gemüse, Zwiebeln, Knoblauch, Tomaten und Olivenöl zu den Kichererbsen geben. Koriander und Kreuzkümmel im Mörser grob zerstoßen, mit Harissa und Kurkuma zum Gemüse geben, mit Salz und Pfeffer abschmecken.

5 Noch gut 1 Std. zugedeckt bei schwacher Hitze garen. Dabei immer wieder etwas Wasser nachgießen, wenn es aufgenommen ist. Den Eintopf in eine Schüssel füllen und mit gehackter Petersilie bestreut servieren.

Tips: Statt der angegebenen Gemüsesorten eignen sich auch Auberginen, Weißkohl (in große Stücke zerteilt), Staudensellerie und rote oder grüne Paprikaschoten.

Sie können, wenn es schneller gehen soll, auch 2 Dosen Kichererbsen (je 400 g Füllmenge) verwenden.

NUDELN UND REIS

Zutaten für 4 Personen:
1 kg reife Tomaten
2 mittelgroße Zwiebeln
2 Knoblauchzehen
100 g kleine Egerlinge
2 EL Zitronensaft
2 Stangen Staudensellerie
2 kleine grüne Paprikaschoten
3 EL Olivenöl
Meersalz
8 schwarze Oliven
je 2 Zweige Dill und Petersilie
4 EL kleine Kapern
Pfeffer
1 TL gehackte Oreganoblättchen
Cayennepfeffer
400 g Vollkorn-Spaghetti
150 g frisch geriebener Hartkäse (Kefalotiri, harter Pecorino oder Parmesan)

Zubereitungszeit: 40 Min.
Pro Portion etwa:
2870 kJ / 686 kcal
34 g EW / 20 g F / 102 g KH

Vollwertig

Spaghetti mit Pilzen und Kapern

1 Stielansätze der Tomaten entfernen. Tomaten kurz überbrühen, häuten, quer halbieren und entkernen. Das Fruchtfleisch klein würfeln. Zwiebeln und Knoblauch schälen, fein hacken. Egerlinge putzen, mit Küchenpapier säubern, in feine Scheibchen schneiden, mit Zitronensaft beträufeln. Staudensellerie waschen, sehr klein würfeln. Paprikaschoten waschen, halbieren, putzen und in feine Streifen schneiden.

2 In einer Kasserolle das Olivenöl bei schwacher bis mittlerer Hitze heiß werden lassen, Zwiebeln und Knoblauch darin goldgelb dünsten. Die Pilze dazugeben und 5 Min. anbraten. Selleriewürfel und Paprikastreifen dazugeben, ebenfalls 2 Min. mitgaren. Die Tomatenwürfel dazurühren und 15 Min. bei schwacher Hitze leise köcheln lassen.

3 Inzwischen für die Nudeln reichlich Salzwasser aufsetzen. Von den Oliven das Fruchtfleisch in Streifen vom Kern schneiden. Kräuter waschen und fein hacken. Oliven mit den Kapern zur Tomatensauce geben. Mit Salz, Pfeffer, Oregano, Cayennepfeffer und den gehackten Kräutern würzen.

4 Die Spaghetti nach Packungsanleitung bißfest kochen, abgießen und auf Tellern verteilen. Mit der Sauce übergießen und mit dem Käse bestreut servieren.

Variante:
Spaghetti auf Holzfällerart

Etwa 300 g frische Waldpilze (oder nur Steinpilze) putzen und blättrig schneiden. Mit 1 gehackten Zwiebel in Olivenöl anbraten, 3–4 Knoblauchzehen dazupressen und 750 g gehäutete und entkernte Tomaten unterrühren. Mit getrocknetem Thymian würzen, auf 400 g Vollkorn-Spaghetti servieren.

Zutaten für 4 Personen:

100 g Pinienkerne
1 Mangoldstaude (400 g)
Salz
500 g Penne
1 EL Butter
1 Knoblauchzehe
100 g Gorgonzola
6 EL Milch
6 EL Sahne
Pfeffer
100 g frisch geriebener Parmesan

Zubereitungszeit: 30 Min.
Pro Portion etwa:
3680 kJ / 880 kcal
35 g EW / 41 g F / 105 g KH

Schnell

Penne mit Gorgonzola und Mangold

1 Die Pinienkerne in einer trockenen Pfanne unter Rühren hellgelb rösten. Beiseite stellen. Die Mangoldstaude in Blätter zerlegen, waschen und putzen. Die Stiele von den Blättern abtrennen und anderweitig verwenden. In einem Topf Salzwasser aufkochen, die Mangoldblätter 3 Min. darin blanchieren. Abgießen, abschrecken und in feine Streifen schneiden.

2 Die Nudeln in einem großen Topf in reichlich Salzwasser nach Packungsanleitung bißfest garen. In einer Pfanne die Butter erhitzen. Den Knoblauch schälen, pressen und in der Butter andünsten. Den Mangold dazugeben und 1–2 Min. mitdünsten.

3 Den Gorgonzola mit einer Gabel zerdrücken, in einen Topf geben, mit der Milch verrühren und die Sahne dazugießen. Langsam unter Rühren bei schwacher Hitze erwärmen – nicht kochen lassen. Mangold dazugeben.

4 Die Nudeln abgießen, mit der Käse-Mangold-Sauce vermischen und mit Salz und Pfeffer abschmecken. Die Penne auf die Teller verteilen. Mit Parmesan und den gerösteten Pinienkernen bestreuen.

Dazu schmeckt ein trockener italienischer Weißwein, z. B. ein Gavi aus dem Piemont.

Zutaten für 4 Personen:

- 2 Schalotten
- 2 EL Butterschmalz
- 900 ml Gemüsebrühe
- 100 ml herber Weißwein oder 1 EL Zitronensaft
- 100 g Crème fraîche
- Meersalz
- 400 g Vollkorn-Rigatoni
- 1 Prise Muskatnuß
- Pfeffer
- 1 EL kaltgepreßtes Olivenöl
- 300 g Radicchio
- 1 Bund glatte Petersilie
- 80 g Parmesan

Zubereitungszeit: 25 Min.
Pro Portion etwa:
3137 kJ / 750 kcal
29 g EW / 24 g F / 104 g KH

Schnell

Rigatoni mit Radicchio und Petersilie

1 Die Schalotten schälen und kleinschneiden. In einem Topf 1 EL Butterschmalz erhitzen und die Schalotten darin 2 Min. bei mittlerer Hitze dünsten. Mit Brühe und Wein oder Zitronensaft aufgießen und alles auf die Hälfte einkochen lassen. Crème fraîche einrühren und die Sauce nochmals auf die Hälfte einkochen lassen.

2 Inzwischen reichlich Salzwasser zum Kochen bringen und darin die Nudeln nach Packungsanleitung bißfest garen. Dann abgießen und mit Muskatnuß, Pfeffer und Olivenöl vermischen.

3 Den Radicchio putzen, waschen, trockenschleudern und ohne Strunk in feine kurze Streifen schneiden. Petersilie waschen und die Blättchen hacken. In einem Topf das restliche Butterschmalz erhitzen und den Radicchio mit der Petersilie einrühren. Zugedeckt bei schwacher Hitze 4 Min. dünsten; dann in die Sauce geben, salzen und pfeffern. Die Nudeln auf die Teller verteilen und mit der Sauce vermischen. Parmesan darüber streuen oder separat reichen.

Grüne Tagliatelle mit Zitronensauce

1 Die Zuckerschoten putzen, waschen und quer halbieren. Die Zwiebel schälen und würfeln. Die luftgetrockneten Tomaten kleinschneiden. Die Frühlingszwiebeln waschen, putzen und samt Grün in etwa 2 cm lange Stücke schneiden. Reichlich Salzwasser zum Kochen bringen und die Nudeln darin nach Packungsanleitung bißfest garen.

2 Inzwischen in einem Topf 1 EL Öl erhitzen und bei mittlerer Hitze die Zwiebel 1 Min. darin dünsten. Mit Brühe aufgießen, Crème fraîche unterrühren und alles auf die Hälfte einkochen lassen. Mit Salz, Pfeffer und Zitronensaft abschmecken. Die Nudeln abgießen und mit 1 EL Öl und Rosmarin vermischen.

3 In einer Pfanne das restliche Öl erhitzen und die Zuckerschoten darin bei mittlerer Hitze mit den Frühlingszwiebeln und den Tomaten 1 Min. dünsten. Dann zur Sauce geben und vermischen. Die Tagliatelle auf die Teller verteilen, die Sauce darüber geben und servieren.

Zutaten für 4 Personen:

- 800 g Zuckerschoten
- 1 rote Zwiebel
- 2 luftgetrocknete Tomaten
- 2 Frühlingszwiebeln
- Meersalz
- 400 g grüne Tagliatelle
- 3 EL kaltgepreßtes Olivenöl
- 1/4 l Gemüsebrühe
- 100 g Crème fraîche
- Pfeffer
- Saft von 1 Zitrone
- 1 TL frisch gehackter Rosmarin

Zubereitungszeit: 20 Min.
Pro Portion etwa:
2945 kJ / 704 kcal
28 g EW / 18 g F / 113 g KH

Gelingt leicht

Zutaten für 4 Personen:

800 g reife Tomaten
2 Möhren
80 g Knollensellerie
je 200 g gelbe und rote Paprikaschoten
2 rote Zwiebeln
1 Knoblauchzehe
4 EL kaltgepreßtes Olivenöl
1 TL frisch gehackter Thymian
Meersalz · Pfeffer
2 TL Aceto balsamico
2 EL Sojasauce
500 g Mangold
3 Frühlingszwiebeln
1 Prise Muskatblüte
1 EL kleingeschnittene Petersilie
1/4 l Milch
30 g Dinkelmehl
8 Lasagneblätter (siehe Tip)
1 Ei
40 g Parmesan
Öl für die Form

Zubereitungszeit: 1 Std. (+ 30 Min. Backzeit)
Pro Portion etwa: 2004 kJ / 479 kcal
21 g EW / 16 g F / 70 g KH

Gelingt leicht

Mangold-Lasagne

1 Das gesamte Gemüse waschen. Von den Tomaten die Stielansätze entfernen. Möhren und Sellerie putzen. Paprikaschoten halbieren und putzen. Zwiebeln und Knoblauch schälen und kleinschneiden. Tomaten, Möhren, Sellerie und Paprikaschoten in kleine Würfel schneiden.

2 In einem Topf 1 EL Öl erhitzen. Die Hälfte der Zwiebeln, den Knoblauch, die Möhren und den Sellerie 3 Min. darin dünsten. Tomaten und Thymian einrühren, salzen und pfeffern. Alles zugedeckt bei schwacher Hitze 10 Min. garen. Dann mit dem Pürierstab pürieren und offen 5–10 Min. einkochen lassen. Gleichzeitig 1 EL Öl in einer Pfanne erhitzen. Restliche Zwiebeln mit Paprikaschoten 10 Min. bei mittlerer Hitze darin dünsten. 200 ml von der Tomatensauce unterrühren. Salzen, pfeffern, mit Essig und Sojasauce abschmecken.

3 Mangold putzen. Die Blätter in Streifen, die Stiele kleinschneiden. Frühlingszwiebeln putzen und kleinschneiden. 1 EL Öl in einem Topf erhitzen. Mangoldstiele und Frühlingszwiebeln 3 Min. bei mittlerer Hitze darin dünsten. Mit Salz, Pfeffer, Muskatblüte und Petersilie würzen. Blätter untermischen und den Topf beiseite stellen. Milch aufkochen. Mehl in 6 EL Wasser anrühren und in die Milch einrühren. Mit Salz und Pfeffer würzen. 5 Min. bei schwacher Hitze garen.

4 In einem Topf 3 l Salzwasser mit 1 EL Öl aufkochen. Lasagneblätter darin 10–15 Min. vorgaren. Den Backofen auf 200° (Umluft 180°) vorheizen. Eine Auflaufform einfetten. Lagenweise Mangold, 4 Nudelblätter, Paprikagemüse, restliche Nudelblätter und Tomatensauce aufeinanderschichten. Béchamelsauce mit Ei und Käse vermischen und obenauf geben. Die Lasagne im Ofen (Mitte) 30 Min. backen.

Tip: Für dieses Rezept werden die Lasagneblätter entgegen der Packungsanleitung vorgekocht, damit sie bei der relativ kurzen Backzeit auch weich werden. Die Lasagneblätter dürfen während des Garens nicht aneinanderkleben. Dies geht am besten, wenn Sie sie portionsweise in einem breiten Topf garen. Die gegarten Blätter dann nebeneinander auf ein feuchtes Küchentuch legen.

Das besondere Rezept !

Mit diesem Essen werden Sie Ihre Gäste begeistern, denn wer steht nicht auf selbstgemachte Nudeln? Der Aufwand lohnt sich auf jeden Fall und der Teig gelingt ganz leicht. Wenn es schneller gehen muß, verwenden Sie fertige Nudeln. Die Olivenpaste läßt sich übrigens schon Stunden vorher zubereiten. Wenn Sie die doppelte Menge machen, können Sie die köstliche Paste am nächsten Tag auf frisch geröstetem Brot noch einmal anders genießen.

Zutaten für 4 Personen:

Für den Teig:
300 g Mehl
4 Eier
2 Prisen Salz
1 TL Kurkuma (Gelbwurzpulver)
1 EL Olivenöl

Für die Sauce:
200 g schwarze Oliven
1 Knoblauchzehe
50 g Kapern
3 EL Olivenöl
1 Prise getrockneter Thymian

Für das Gemüse:
1 Schalotte
1 kleine rote Paprikaschote
1 frische grüne Chilischote (Tip S. 55)
3 Zweige glatte Petersilie
Salz
Pfeffer

Zubereitungszeit: 1 Std. (+ 1 Std. Ruhezeit)
Pro Portion etwa:
2020 kJ / 483 kcal
15 g EW / 18 g F / 65 g KH

Für Gäste

Kurkuma-Nudeln mit Olivenpaste

1 Für den Teig das Mehl auf die Arbeitsfläche häufen, eine Mulde hineindrücken. Die Eier nacheinander in die Mulde geben. Salz, Kurkuma und Öl hinzufügen und mit einer Gabel alles verquirlen. Dann nach und nach immer mehr Mehl vom Rand aus unterrühren, bis ein dickflüssiger Teig entsteht. Nun mit beiden Händen das Mehl von außen nach innen in den Teig einarbeiten. Den Teig 10 Min. kräftig durchkneten, bis er glatt, glänzend und elastisch ist.

2 Den Teig zu einer Kugel formen, in Klarsichtfolie wickeln und 1 Std. ruhen lassen. Inzwischen Oliven entsteinen, Knoblauch schälen. Beides mit den Kapern fein hacken. Mit 3 EL Öl und dem Thymian im Mörser oder mit dem Blitzhacker fein zerstoßen oder hacken.

3 Die Schalotte schälen und fein hacken. Die Paprikaschote waschen, halbieren, putzen und in kleine Würfel schneiden. Die Chilischote waschen, putzen und fein hacken. Die Petersilie waschen, die Blättchen hacken. Das restliche Öl erhitzen, Schalotte 1–2 Min. darin andünsten. Paprikaschote und Chillie dazugeben und 3–4 Min. mitdünsten. Mit Salz und Pfeffer würzen, warm stellen.

4 In einem Topf 3 l Salzwasser aufkochen. Den Teig in 3 Portionen teilen. Die erste Portion auf der bemehlten Arbeitsfläche 2 mm dünn ausrollen. Die anderen Portionen bis zum Ausrollen wieder in Klarsichtfolie wickeln, damit der Teig nicht austrocknet. Den Teig in 1/2–1 cm breite Nudeln schneiden. Die Nudeln auf ein bemehltes Küchentuch legen, bis alle Nudeln geschnitten sind. Die Nudeln im Salzwasser bißfest garen. Abgießen und sofort mit der Olivensauce und dem Gemüse vermischen. Mit der Petersilie bestreuen.

Zutaten für 4 Personen:

2 Bund frisches Basilikum
2–3 Knoblauchzehen
3 EL Sonnenblumenkerne
60 g frisch geriebener Parmesan
Salz
1/8 l kaltgepreßtes Olivenöl
Pfeffer
4 mittelgroße Möhren (etwa 400 g)
3 kleine Zucchini (etwa 400 g)
2 Stangen Lauch (etwa 500 g)
300 g Tagliatelle (Bandnudeln)
1 Schalotte
30 g Butter
1/8 l Gemüsefond (aus dem Glas)
Zucker

Zubereitungszeit: 45 Min.
Pro Portion etwa:
2685 kJ / 685 kcal
19 g EW / 33 g F / 83 g KH

Läßt sich gut vorbereiten

Gemüse-Bandnudeln mit Sonnenblumenkern-Pesto

1 Für das Pesto Basilikum waschen und Blätter abzupfen. Einige Blätter zum Garnieren beiseite legen, die übrigen kleinschneiden. Die Knoblauchzehen schälen und dazupressen.

2 Die Sonnenblumenkerne, die Hälfte des Parmesans und Salz dazugeben und alles mit dem Pürierstab zu einer glatten Paste verarbeiten, dabei nach und nach das Öl einlaufen lassen. Die Sauce mit Salz und Pfeffer abschmecken und bis zum Servieren zugedeckt in den Kühlschrank stellen.

3 Möhren schälen, Zucchini waschen und putzen. Lauch putzen, längs aufschneiden und gründlich waschen. Möhren und Zucchini mit dem Sparschäler der Länge nach in dünne Scheiben hobeln, den Lauch längs halbieren und in Streifen schneiden.

4 Die Nudeln in reichlich sprudelnd kochendes Salzwasser geben und nach Packungsangabe bißfest kochen. Inzwischen die Schalotte schälen und fein würfeln, in der Butter glasig dünsten. Das Gemüse dazugeben und 3 Min. andünsten. Den Gemüsefond angießen und das Gemüse zugedeckt bei mittlerer Hitze in 4–5 Min. darin bißfest dünsten. Mit Salz, Pfeffer und Zucker würzen.

5 Die Nudeln abgießen, abtropfen lassen und mit dem Gemüse vermischen. Mit der Kräutersauce auf vorgewärmten Tellern anrichten. Den restlichen Parmesan darüber streuen und mit Basilikumblättchen garnieren.

Tips: Rühren Sie einfach noch etwas Nudelkochwasser unter die Kräutersauce, falls sie zu fest ist.

Ravioli mit Bohnen-Tomaten-Füllung

Zutaten für 4 Personen:

Für den Teig:
300 g Mehl
4 Eigelbe
2 Eiweiße
2 Prisen Salz
2 EL Olivenöl
1 EL lauwarmes Wasser
Für die Füllung:
150 g tiefgekühlte dicke Bohnenkerne
5 feste reife Tomaten (etwa 500 g)
2 Schalotten
1 Knoblauchzehe
1 EL Olivenöl
Salz
Pfeffer
1 Prise Zucker
1/2 TL getrockneter Thymian
3 Zweige Basilikum
1/4 l Gemüsebrühe
50 g Butter
80 g frisch geriebener Parmesan
Und: Mehl zum Arbeiten
Basilikum zum Garnieren

Zubereitungszeit: 1 1/4 Std. (+ 1 Std. Ruhezeit)
Pro Portion etwa:
2900 kJ / 695 kcal
27 g EW / 29 g F / 82 g KH

Für Gäste

1 Das Mehl auf die Arbeitsfläche sieben, eine Mulde hineindrücken. Die Eier verquirlen und mit dem Salz, dem Öl und dem Wasser in die Mulde geben. Von außen nach innen mit dem Mehl gut vermischen und zu einem glatten Teig verarbeiten. Den Teig in Klarsichtfolie wickeln und 1 Std. kühl stellen.

2 Inzwischen die dicken Bohnen auftauen lassen. Die Stielansätze der Tomaten entfernen. Tomaten kurz überbrühen, häuten, quer halbieren und entkernen. Das Fruchtfleisch kleinschneiden. Die Schalotten und den Knoblauch schälen und fein hacken.

3 Das Öl in einer Kasserolle erhitzen. Schalotten, Knoblauch, Tomaten, Salz, Pfeffer, Zucker und Thymian 10 Min. bei mittlerer Hitze offen darin köcheln lassen, bis die Flüssigkeit verdampft ist. Inzwischen das Basilikum waschen, die Blätter in Streifen schneiden.

4 Den Teig auf der bemehlten Arbeitsfläche auf eine Größe von 40 x 40 cm ausrollen. Mit einem Ausstecher von 7 cm Durchmesser etwa 24 Kreise ausstechen. Dann mit einem Teelöffel Tomatenpüree, Basilikum und 3–4 Bohnenkerne auf die Hälfte der Kreise geben. Die restlichen Teigplättchen vorsichtig über die Füllung legen und mit einer Gabel ringsum am Rand andrücken.

5 Die restlichen Bohnenkerne in der Gemüsebrühe bei schwacher Hitze erwärmen. Das restliche Tomatenpüree ebenfalls erwärmen. 3 l Salzwasser aufkochen lassen. Die Ravioli darin 2–3 Min. bei mittlerer Hitze garen. Mit einem Schaumlöffel herausheben und auf vorgewärmten Tellern anrichten.

6 Die Bohnenkerne abgießen, den Sud auffangen. Die Butter in Stückchen in die Brühe geben und mit dem Schneebesen aufschlagen. Die Ravioli mit der Sauce umgießen und mit den Bohnenkernen bestreuen. Mit Basilikum und einigen Tupfern Tomatenpüree garnieren. Den Parmesan dazu reichen.

Tips: Wenn Sie frische dicke Bohnen bekommen, müssen Sie 500 g dicke Bohnen enthülsen, kurz mit kochendem Salzwasser überbrühen, kalt abschrecken und häuten. Dann fortfahren wie beschrieben.

Sie können statt der dicken Bohnen auch frische oder tiefgekühlte Erbsen als Füllung verwenden.

Variante:
Teigtaschen mit Auberginenfüllung

Den Teig herstellen wie beschrieben. In Klarsichtfolie gewickelt 1 Std. kühl stellen. Inzwischen 2 Auberginen (300 g) längs halbieren und auf einem eingeölten Backblech mit den Schnittflächen nach unten bei 150° (Oben, Umluft 140°) 40 Min. garen. Dann das Fruchtfleisch aus den Schalen kratzen. 1 große geschälte, entkernte Tomate kleinschneiden, mit 1 gehackten Zwiebel in 1 EL Olivenöl dünsten, 3 Knoblauchzehen dazupressen. Alles mit dem Auberginenfruchtfleisch vermischen und pürieren. Püree mit 2 EL Ricotta, 2 EL gehackten Basilikumblättchen und 1 Prise Thymian vermischen, mit Salz und Pfeffer abschmecken.
Den Teig auf der leicht bemehlten Arbeitsfläche so dünn wie möglich ausrollen. Mit einer Ausstechform Kreise von 7 cm Durchmesser ausstechen. Jeweils etwas Füllung in die Mitte geben und einmal zusammenklappen. Die Ränder gut andrücken. Teigtaschen in 2 l Salzwasser 2–3 Min. ziehen lassen, abtropfen lassen. 2 1/2 EL Olivenöl mit 1 EL Butter erwärmen, 5–6 in Streifen geschnittene Basilikumblätter dazugeben, alles über die Teigtaschen gießen. Mit 50 g geriebenem Parmesan und frisch gemahlenem Pfeffer bestreuen.

Eine Mulde in das Mehl drücken und die verquirlten Eier, das Salz, Öl und Wasser hineingeben.

Mit einem Teelöffel die Füllung auf die Hälfte der Teigkreise geben.

Mit den Zinken der Gabel den Teig ringsum am Rand andrücken.

Zutaten für 4 Personen:

- Salz
- 350 g Farfalle
- 600 g kleine Zucchini
- 2 Knoblauchzehen
- 4 kleine feste Tomaten (etwa 300 g)
- 4 EL Olivenöl
- Pfeffer
- 1 TL Kräuter der Provence
- 2 TL Aceto balsamico
- 125 g Mozzarella
- 50 g Rucola
- 50 g frisch geriebener Parmesan

Zubereitungszeit: 30 Min.
Pro Portion etwa:
2527 kJ / 604 kcal
25 g EW / 25 g F / 77 g KH

Schnell

Zucchini-Farfalle

1 In einem Topf reichlich Salzwasser zum Kochen bringen, die Nudeln darin in 8–10 Min. bißfest garen. Inzwischen die Zucchini waschen, putzen und in dünne Scheiben hobeln. Knoblauchzehen schälen. Tomaten waschen, von den Stielansätzen befreien und achteln.

2 Das Öl in einer großen Pfanne stark erhitzen, die Zucchini darin unter gelegentlichem Wenden 3 Min. anbraten. Den Knoblauch dazupressen, mit Salz, Pfeffer, Kräutern und Essig würzen. Bei mittlerer Hitze zugedeckt noch 5 Min. dünsten.

3 Inzwischen den Mozzarella in Scheiben schneiden. Den Rucola waschen, putzen und grob hacken. Einige zarte Blattspitzen zum Garnieren beiseite legen.

4 Die Nudeln abgießen und gut abtropfen lassen, in die Pfanne geben und mit den Zucchini, Tomaten und dem Rucola vermischen. Den Mozzarella auf den Nudeln verteilen und alles zugedeckt auf der abgeschalteten Herdplatte 5 Min. ziehen lassen, bis der Käse geschmolzen ist. Mit dem übrigen Rucola garnieren. Bei Tisch mit dem Parmesan bestreuen.

Dazu schmeckt ein frischer grüner Salat.

Tip: Rucola besticht durch seinen kräftigen, leicht säuerlichen Geschmack. Ersatzweise können Sie Basilikum oder Brunnenkresse verwenden.

Dazu paßt ein italienischer Weißwein, z. B. ein Pinot Grigio.

Zutaten für 4 Personen:

- **300 g Weizenmehl, Type 1050**
- **Salz**
- **3 Eier**
- **1/8 l lauwarmes Wasser**
- **200 g junger Provolone oder Scamorza**
- **1 Stange Lauch**
- **150 g Champignons**
- **150 g Egerlinge**
- **1 Bund glatte Petersilie**
- **2 EL Butter**
- **Pfeffer**
- **Und: Fett für die Form**

Zubereitungszeit: 1 Std.
Pro Portion etwa:
2372 kJ / 567 kcal
26 g EW / 23 g F / 63 g KH

Preiswert

Vollkornspätzle mit Pilzen und Käse

1 Das Mehl, 2 TL Salz, die Eier und das Wasser mit den Knethaken des Handrührgerätes so lange schlagen, bis der Teig glatt ist und Blasen wirft. Zugedeckt 30 Min. quellen lassen. Falls der Teig zu fest ist, noch einige Eßlöffel Wasser unterrühren.

2 Inzwischen den Käse schälen und in feine Späne raffeln. Den Lauch putzen, längs aufschneiden und gründlich waschen. Dann in dünne Ringe schneiden. Die Pilze abreiben, putzen und in feine Scheibchen schneiden. Die Petersilie waschen und die Blätter abzupfen. Einige zum Garnieren beiseite legen, den Rest fein hacken.

3 In einem Topf 3 l Salzwasser zum Kochen bringen. Gleichzeitig in einer großen Pfanne die Butter erhitzen und Lauch und Pilze darin unter Rühren 5–6 Min. dünsten. Mit Salz und Pfeffer kräftig abschmecken, beiseite stellen. Den Backofen auf 150° (Umluft 140°) vorheizen.

4 Den Teig portionsweise durch die Spätzlepresse oder den Spätzlehobel ins kochende Wasser drücken oder hobeln. Sobald die Spätzle oben schwimmen, noch 1 Min. ziehen lassen. Mit dem Schaumlöffel herausnehmen, heiß abspülen und gut abtropfen lassen.

5 Eine Auflaufform einfetten. Die Spätzle und die Petersilie vermischen. Lagenweise Spätzle, Käse und Pilzmischung einschichten. Käse zum Schluß darauf streuen. Die Spätzle im Ofen (Mitte) 10 Min. backen, bis der Käse geschmolzen ist. Mit Petersilie garnieren.

Tip: Wenn es schneller gehen soll: fertige Vollkornspätzle aus dem Reformhaus verwenden.

Variante:
Käsespätzle

Den Spätzleteig zubereiten wie beschrieben, 250 g geschälte, in feine Ringe geschnittene Zwiebeln in 2 EL Butter bei schwacher Hitze goldbraun braten. Die Spätzle zubereiten wie beschrieben. Portionsweise mit insgesamt 100 g geriebenem Emmentaler bestreuen. Die Käsespätzle mit den Zwiebelringen bestreut servieren.

Zutaten für 4 Personen:

1 rote Paprikaschote
100 g Sojabohnensprossen (siehe Info)
200 g Broccoli
1 Knoblauchzehe
1 walnußgroßes Stück Ingwer
4 Frühlingszwiebeln
1 eingelegte rote Chilischote
2 Zweige Koriander oder glatte Petersilie
Meersalz
300 g chinesische Buchweizennudeln (aus dem Asiengeschäft)
3 EL Erdnuß- oder Sonnenblumenöl
Pfeffer
2 EL Sojasauce
2 TL Sesamöl
4 EL Gemüsebrühe nach Belieben

Zubereitungszeit: 30 Min.
Pro Portion etwa:
1518 kJ / 363 kcal
14 g EW / 8 g F / 65 g KH

Gelingt leicht

Gebratene Buchweizennudeln mit Gemüse

1 Die Paprikaschote waschen, halbieren, putzen und in etwa 2 cm große Würfel schneiden. Die Sojabohnensprossen waschen und oben schwimmende grüne Hülsen entfernen. Die Sojabohnensprossen kurz blanchieren, eiskalt abschrecken und abtropfen lassen. Broccoli waschen und in kleine Röschen teilen. Broccolistiele schälen und in dünne Scheibchen schneiden. Knoblauch schälen und kleinschneiden. Ingwer schälen und reiben. Frühlingszwiebeln waschen, putzen und samt Grün schräg in 1 cm lange Stücke schneiden. Die Chilischote längs aufschneiden und die Samen herauskratzen. Die Chilischote kleinschneiden. Koriander oder Petersilie waschen, die Blättchen hacken.

2 Reichlich Salzwasser zum Kochen bringen und die Buchweizennudeln darin 3 Min. garen. Dann abgießen, abtropfen lassen, zurück in den Topf geben und mit 1 EL Öl vermischen.

3 Das restliche Öl in einer großen Pfanne oder einem Wok erhitzen. Die Frühlingszwiebeln mit dem Knoblauch 1 Min. bei mittlerer Hitze darin andünsten. Den Ingwer, Paprika und Broccoli dazugeben und 3–4 Min. unter Rühren mitdünsten. Die Sojasprossen und die Nudeln hineingeben und 1 Min. unterrühren. Mit Salz, Pfeffer, Sojasauce, Sesamöl und nach Belieben mit Brühe abschmecken.

4 Die gebratenen Nudeln mit dem Gemüse auf die Teller verteilen und mit Koriander oder Petersilie und der Chilischote bestreuen.

Info: Keimlinge von Sojabohnen müssen – wie auch Erbsen- und Kichererbsenkeimlinge – stets kurz blanchiert werden, da sie gesundheitsschädliche Stoffe enthalten, die nur durch Erhitzen zerstört werden. Die im Handel erhältlichen Sojakeimlinge stammen allerdings meist von Mungobohnen und können roh verzehrt werden. In diesem Fall steht auf der Packung: Sojakeimlinge aus Mungobohnen.

Gratinierte Muschelnudeln mit Spinat

Zutaten für 4 Personen:

800 g reife Tomaten
2 Knoblauchzehen
2 EL kaltgepreßtes Olivenöl
Meersalz · Pfeffer
1 Kräutersträußchen (je 1 Zweig Thymian und Rosmarin, 1 Lorbeerblatt)
1 EL Tomatenmark
500 g Spinat · 1 Bund Basilikum
2 Frühlingszwiebeln
100 g Champignons
250 g möglichst große Muschelnudeln
Saft von 1/2 Zitrone
1 EL Dinkelmehl
2 EL Crème fraîche
80 g Schafkäse · Öl für die Form

Zubereitungszeit: 40 Min. (+ 15 Min. Backzeit)
Pro Portion etwa: 1832 kJ / 438 kcal
16 g EW / 15 g F / 68 g KH

Gelingt leicht

1 Die Tomaten waschen, Stielansätze entfernen. Die Tomaten würfeln. Den Knoblauch schälen. 1 EL Öl in einem Topf erhitzen, die Tomaten einrühren, salzen und pfeffern. Kräutersträußchen und 1 Knoblauchzehe obenauflegen und die Sauce bei schwacher Hitze zugedeckt 10 Min. köcheln lassen. Tomatenmark unterrühren, mit dem Pürierstab pürieren und die Sauce 3 Min. offen bei mittlerer Hitze dick einkochen lassen.

2 Spinat und Basilikum waschen und verlesen, grobe Stiele entfernen. Spinat trockenschleudern und grob kleinschneiden. Basilikum waschen, die Blättchen grob hacken. Frühlingszwiebeln waschen, putzen und mit dem restlichen Knoblauch kleinschneiden. Champignons abreiben, putzen und in kleine Würfel schneiden.

3 In einem Topf 3 l Salzwasser aufkochen und die Nudeln darin bißfest garen. Backofen auf 220° (Umluft 200°) vorheizen. Restliches Öl in einem Topf erhitzen. Pilze, Zwiebeln und Knoblauch darin bei mittlerer Hitze 2 Min. dünsten. Spinat und Basilikum unterrühren, salzen und pfeffern und 5 Min. mitgaren. Den Pfanneninhalt mit dem Pürierstab grob pürieren. Zitronensaft, Mehl und Crème fraîche unterrühren und alles weitere 5 Min. garen.

4 Die Nudeln abgießen und abtropfen lassen. Eine Auflaufform einölen. Tomatensauce in die Form füllen, große Muschelnudeln mit Spinat füllen und auf die Sauce setzen, bei kleineren Nudeln Spinathäufchen zwischen die ungefüllten Nudeln setzen. Schafkäse darüber bröckeln. Die Nudeln im Ofen (Mitte) 20 Min. überbacken.

Zutaten für 4 Personen:

2 Bund Basilikum
5 EL kaltgepreßtes Olivenöl
200 g Dinkelmehl
1 Ei
1 Eigelb
Meersalz
Pfeffer
700 g reife Tomaten
1 rote Paprikaschote
125 g Zucchini
1/2 Aubergine (etwa 125 g)
2 Knoblauchzehen
2 rote Zwiebeln
2 TL gehackter Rosmarin
2 Zweige Petersilie
1 EL Tomatenmark
250 g Ricotta
1 Prise Muskatnuß
1 Prise Paprika, rosenscharf
30 g frisch geriebener Parmesan
Und: Dinkelmehl zum Arbeiten

Zubereitungszeit: 1 Std.
Pro Portion etwa:
1912 kJ / 457 kcal
23 g EW / 25 g F / 57 g KH

Läßt sich gut vorbereiten

Cannelloni mit Ricotta

1 Basilikum waschen, die Blättchen grob zerkleinern. Mit 3 EL Öl mit dem Pürierstab pürieren. Dinkelmehl, Ei, Eigelb, Basilikumpaste, Salz, Pfeffer und etwa 2 EL Wasser zu einem Nudelteig verarbeiten. Den Teig in Klarsichtfolie wickeln und 30 Min. ruhen lassen. Das Gemüse waschen und putzen. Tomaten, Paprikaschote, Zucchini und Aubergine in kleine Würfel schneiden. Knoblauch und Zwiebeln schälen und kleinschneiden. In zwei Töpfen je 1 EL Öl erhitzen und darin jeweils die Hälfte der Zwiebeln und des Knoblauchs 1 Min. dünsten.

2 In den einen Topf Paprikaschote, Zucchini und Aubergine geben, in den anderen die Tomaten. Alles jeweils 3 Min. dünsten, salzen und pfeffern. 1 TL Rosmarin, die Hälfte der Petersilie und 4 EL gedünstete Tomaten unter das Gemüse mischen. Die Tomatensauce mit restlichem Rosmarin, Petersilie und Tomatenmark würzen. Beides zugedeckt 5 Min. bei schwacher Hitze garen, dann offen 3 Min. ausdampfen lassen. Tomatensauce beiseite stellen. Gemüse mit Ricotta vermischen. Mit Salz, Pfeffer, Muskat und Paprika würzen.

3 Den Teig zu 8 Kugeln formen. Jede Kugel in 10 x 20 cm große Rechtecke ausrollen, diese in 10 x 10 cm große Quadrate teilen. Den Backofen auf 200° (Umluft 180°) vorheizen. Die Nudeln in Salzwasser portionsweise in 2–3 Min. bißfest garen. Die Quadrate ohne Abtropfen auf einem feuchten Küchentuch auslegen, mit Gemüse-Ricotta-Füllung belegen, einrollen und an den Enden leicht zusammendrücken. Eine flache Auflaufform mit etwas Tomatensauce ausgießen. Cannelloni darauf setzen. Mit restlicher Tomatensauce bedecken. Mit Parmesan bestreuen, im Ofen (Mitte) 15 Min. backen.

Tip: Da Vollkornnudelteig mit der Nudelmaschine immer etwas dick bleibt – er zerreißt bei der feinsten Einstellung – rollen Sie ihn besser mit der Hand aus. Wenn Ihnen die Nudelplatten nach dem Garen fürs Einrollen zu hart werden, können Sie sie auch mit Rouladennadeln feststecken.

Der Tip vom Profi !

Am besten kaufen Sie frische Kräuter im Topf, da haben Sie am längsten etwas davon. Falls Sie Kräuter im Bund kaufen, diese bitte nicht wie einen Blumenstrauß auf die Fensterbank stellen. Vitamine, Mineralstoffe und Aroma bleiben besser erhalten, wenn Sie die Kräuter in einen Plastikbeutel oder eine Kunststoffdose verpacken und im Gemüsefach des Kühlschranks aufbewahren.

Zutaten für 4 Personen:

- **1 mittelgroße grüne Paprikaschote**
- **1 mittelgroße gelbe Paprikaschote**
- **1 Zwiebel**
- **1 Knoblauchzehe**
- **3/8 l Gemüsebrühe**
- **2 EL Olivenöl**
- **300 g Reisnudeln (siehe Tips)**
- **1 Zweig Oregano**
- **1 Zweig Rosmarin**
- **1 TL Paprika, edelsüß**
- **75 g schwarze Oliven**
- **1 Dose stückige Tomaten (400 g Füllmenge)**
- **2 EL Zitronensaft**
- **Salz**
- **Pfeffer**
- **1 Bund glatte Petersilie**
- **Und: Oreganoblüten zum Garnieren nach Belieben**

Zubereitungszeit: 30 Min.
Pro Portion etwa:
1878 kJ / 449 kcal
5 g EW / 8 g F / 91 g KH

Schnell

Türkische Tomaten-Reisnudeln

1 Die Paprikaschoten waschen, halbieren und putzen. Erst in Viertel, dann quer in feine Streifen schneiden. Die Zwiebel schälen und fein hacken. Die Knoblauchzehe schälen und durch die Knoblauchpresse drücken. In einem Topf die Gemüsebrühe erhitzen.

2 Inzwischen das Olivenöl in einem breiten Topf bei mittlerer Hitze heiß werden lassen. Zwiebel und Knoblauch darin andünsten. Reisnudeln und Paprikastreifen untermischen und unter Rühren 5 Min. mitdünsten. Mit der heißen Brühe auffüllen, alles zum Kochen bringen. Oregano und Rosmarin waschen und fein hacken. Reisnudeln mit Oregano, Rosmarin und Paprikapulver würzen. Zugedeckt 10 Min. bei schwacher Hitze köcheln lassen.

3 Die Oliven nach Belieben entsteinen und mit den Tomaten untermischen. Die Tomatennudeln mit Zitronensaft, Salz und Pfeffer kräftig abschmecken und noch 10 Min. zugedeckt bei abgeschalteter Herdplatte quellen lassen. Inzwischen die Petersilie waschen, die Blätter abzupfen und fein hacken. Bis auf 2 EL untermischen, den Rest darüber streuen. Nach Belieben mit Oreganoblüten garnieren.

Tips: Die Nudeln bei Tisch mit Schafkäse (Feta) überraffeln.

Reisnudeln gibt es in türkischen und griechischen Lebensmittelgeschäften oder in der Spezialabteilung gut sortierter Supermärkte. Ersatzweise können Sie Risotto-Reis verwenden. Die Garzeit bleibt gleich.

Zutaten für 4 Personen:
300 g zarter Blattspinat
2 junge Zucchini (etwa 300 g)
1 Bund glatte Petersilie
1 Bund Basilikum
30 g Kerbel
Salz
1 Zwiebel
1 Knoblauchzehe
2 EL Öl
400 g Risotto-Reis
1 l Gemüsebrühe
1/8 l trockener Weißwein nach Belieben
Pfeffer
100 g frisch geriebener Parmesan
50 g Butter

Zubereitungszeit: 50 Min. (+ 20 Min. Garzeit)
Pro Portion etwa: 3497 kJ / 836 kcal
29 g EW / 26 g F / 119 g KH

Für Gäste

Grüner Risotto

1 Den Spinat gründlich waschen und verlesen, dabei grobe Stiele entfernen. Die Zucchini waschen, putzen und in Scheiben schneiden. Die Kräuter waschen und die Blätter von den Stengeln zupfen, einige zum Garnieren beiseite legen.

2 In einem Topf reichlich Salzwasser aufkochen lassen. Spinat und Zucchini 1 Min. darin blanchieren, dann abtropfen lassen. 200 g davon abnehmen und beiseite stellen. Das übrige Gemüse mit den Kräutern fein pürieren.

3 Die Zwiebel und die Knoblauchzehe schälen und fein würfeln. Das Öl in einem breiten schweren Topf erhitzen, Zwiebel und Knoblauch darin weich dünsten. Den Reis dazuschütten und unter ständigem Rühren in 3 Min. glasig werden lassen. Die Gemüsebrühe erhitzen.

4 Den Wein nach Belieben angießen und kócheln lassen, bis er verdampft ist. Nach und nach die heiße Brühe angießen und unter Rühren in 25 Min. immer wieder offen einkochen lassen, bis der Reis gar ist.

5 Das Kräuterpüree unter das Risotto rühren, bei schwacher Hitze noch 5 Min. zugedeckt ziehen lassen. Mit Salz und Pfeffer abschmecken. 50 g Parmesan und die Butter flöckchenweise unterheben, das beiseite gestellte Gemüse unterziehen. Mit Kräutern garnieren, mit Parmesan servieren.

Variante:
Fenchel-Wildreis-Risotto

1 gewürfelte weiße Zwiebel und 750 g feinstreifig geschnittene Fenchelknollen in 2 EL Butter andünsten. 400 g Reis-Mischung mit Wildreis unterrühren. 1/8 l Weißwein oder Gemüsebrühe und Saft von 1 Zitrone hinzufügen, verdampfen lassen. Nach und nach 1 l Gemüsebrühe angießen und 25 Min. offen köcheln lassen. Salzen und pfeffern. 6 EL Tomatenwürfel und 50 g Butter untermischen. Mit 75 g geraffeltem Emmentaler servieren.

Safran-Risotto mit Kürbis

Zutaten für 4 Personen:

2 Schalotten
4 TL kaltgepreßtes Olivenöl
200 g Rundkorn-Naturreis
1/2 l Gemüsebrühe
4 Tongkupilze
200 g Hokaido-Kürbis
1 Knoblauchzehe
500 g Blattspinat
4 Frühlingszwiebeln
1 Döschen Safran
Meersalz
Pfeffer
20 g Kürbiskerne (siehe Tip)
1 Prise Muskatnuß
1 EL Kürbiskernöl
30 g frisch geriebener Parmesan

Zubereitungszeit: 45 Min.
Pro Portion etwa:
1828 kJ / 437 kcal
16 g EW / 13 g F / 67 g KH

Gelingt leicht

1 Die Schalotten schälen und kleinschneiden. In einem Topf 2 TL Öl erhitzen und die Hälfte der Schalotten darin bei mittlerer Hitze 1 Min. dünsten. Den Reis dazugeben und unter Rühren 2 Min. mitdünsten. Mit Brühe aufgießen, alles aufkochen lassen. Die Hitze reduzieren und den Reis bei schwacher Hitze zugedeckt 40 Min. garen.

2 Die Pilze in 8 EL warmem Wasser 10–15 Min. einweichen. Den Kürbis putzen, schälen und in kleine Würfel schneiden. Knoblauch schälen und kleinschneiden. Vom Spinat die Stiele abschneiden. Den Spinat verlesen, waschen und trockenschleudern. Die Frühlingszwiebeln waschen, putzen und samt Grün kleinschneiden.

3 In einem Topf 1 TL Öl erhitzen und darin bei mittlerer Hitze die restlichen Schalotten und den Knoblauch 1 Min. dünsten. Kürbis und Safran unterrühren, salzen, pfeffern und den Kürbis bei schwacher Hitze zugedeckt 5 Min. dünsten.

4 Inzwischen Pilze abtropfen lassen (Pilzwasser durchsieben), Stiele entfernen, die Hüte kleinschneiden. Eine Pfanne erhitzen und die Kürbiskerne darin rösten, bis sie goldbraun werden; dann aus der Pfanne nehmen. In der Pfanne 1 TL Öl erhitzen und Frühlingszwiebeln, Spinat, Pilze und Pilzwasser hineingeben. Mit Salz, Pfeffer und Muskatnuß würzen. Alles zugedeckt bei schwacher Hitze 2 Min. garen; dann bei starker Hitze offen die Flüssigkeit stark einkochen lassen.

5 Den Reis mit dem Kürbisgemüse und Kürbiskernöl vermischen. Auf die Teller verteilen und mit den Kürbiskernen und der Spinatmischung anrichten. Den Parmesan dazu reichen.

Tip: Nehmen Sie griechische Kürbiskerne oder Kürbiskerne aus dem Reformhaus. Beide haben eine so dünne Schale, daß man sie mitessen kann.

Zutaten für 4 Personen:

Meersalz
100 g Wildreis
200 g Basmati-Naturreis
10 Tongkupilze
2 Stangen Staudensellerie
2 Möhren
200 g Bambussprossen (aus der Dose)
1 rote Paprikaschote
2 Frühlingszwiebeln
1 rote Zwiebel
1 Knoblauchzehe
1 walnußgroßes Stück Ingwer
3 EL Erdnuß- oder Sonnenblumenöl
250 g Tofu
Pfeffer
3 EL Sojasauce
1 EL Reisessig

Zubereitungszeit: 50 Min.
Pro Portion etwa:
1518 kJ / 363 kcal
14 g EW / 10 g F / 58 g KH

Vollwertig

Gebratener Reis mit Bambussprossen

1 In einem Topf 400 ml Salzwasser zum Kochen bringen und den Wildreis darin 45 Min. garen. Inzwischen in einem zweiten Topf Basmatireis mit 400 ml Salzwasser zum Kochen bringen und zugedeckt bei schwacher Hitze 40 Min. quellen lassen. Während die Reissorten garen, die Pilze von heißem Wasser bedeckt 10–15 Min. quellen lassen. Dann abtropfen lassen, die Stiele entfernen und die Hüte vierteln. Das Pilzwasser durchsieben und aufheben.

2 Den Staudensellerie waschen, putzen und in 1 cm dicke Scheiben schneiden. Die Möhren waschen, putzen, bei Bedarf schälen, längs in 3 etwa 1/2 cm dicke Scheiben, dann in etwa 3 cm lange Stifte schneiden. Die Bambussprossen abtropfen lassen und ebenfalls in 3 cm lange Stifte schneiden. Paprikaschote waschen, halbieren, putzen und in etwa 2 cm große Stücke schneiden. Frühlingszwiebeln waschen, putzen und kleinschneiden. Rote Zwiebel und Knoblauchzehe schälen und kleinschneiden. Ingwer schälen und reiben.

3 In einem Wok 2 EL Öl erhitzen und bei mittlerer Hitze rote Zwiebel, Knoblauch und Ingwer 1–2 Min. darin dünsten. Pilze, Möhren, Sellerie und Paprikaschote einrühren und 5–6 Min. mitdünsten. Bambussprossen 1 Min. mitdünsten. In einer Pfanne das restliche Öl erhitzen. Den Tofu in mundgerechte Scheiben schneiden, salzen und pfeffern und bei mittlerer Hitze je Seite in 1 1/2 Min. darin goldbraun braten.

4 Den Reis nach Bedarf abtropfen lassen und mit den Frühlingszwiebeln ebenfalls unter das Gemüse mischen. Pilzwasser, Sojasauce und Reisessig unterrühren und kurz aufkochen lassen. Den Tofu dazugeben. Das Gericht nochmals mit Salz und Pfeffer abschmecken.

Tips: Die Stiele der Pilze sind zäh, aber aromatisch. Schneiden Sie sie klein und geben Sie sie als Würze in Ihr Öl.

Sie können für dieses Gericht auch eine Fertigmischung aus Wildreis, rotem Reis und Basmati-Naturreis verwenden und nach Packungsanleitung garen.

Zutaten für 4 Personen:

Meersalz
200 g Rundkorn-Naturreis
500 g Spinat
1 rote Zwiebel
1 Knoblauchzehe
1 kleiner Zucchino
2 mittelgroße Möhren
200 g Tofu
200 g Kirschtomaten
2 EL kaltgepreßtes Olivenöl
Pfeffer
1 EL Tomatenmark
2 Zweige Oregano
2 Zweige glatte Petersilie
Saft von 1/2 Zitrone
Und: Ecken von 1/2 Zitrone zum Garnieren

Zubereitungszeit: 50 Min.
Pro Portion etwa:
1343 kJ / 321 kcal
12 g EW / 7 g F / 55 g KH

Gelingt leicht

Spinatreis mit Tofu

1 In einem Topf 1/2 l Salzwasser zum Kochen bringen. Den Reis hineingeben, die Hitze reduzieren und den Reis bei schwacher Hitze zugedeckt 45 Min. garen. Inzwischen den Spinat verlesen und die Stiele abschneiden. Den Spinat waschen, trockenschleudern und in Streifen schneiden. Zwiebel und Knoblauch schälen und kleinschneiden.

2 Zucchino waschen, putzen und in etwa 3 cm lange bleistiftdicke Stifte schneiden. Möhren waschen, putzen und bei Bedarf schälen. Möhren längs vierteln und in dünne Scheiben schneiden. Den Tofu in mundgerechte Stücke schneiden. Kirschtomaten waschen und halbieren.

3 In einem Topf 1 EL Öl erhitzen und den Knoblauch bei mittlerer Hitze darin dünsten. Den Spinat einrühren, salzen und pfeffern und bei schwacher Hitze zugedeckt 5 Min. mitdünsten; dann mit dem Tomatenmark vermischen und die Garflüssigkeit bei mittlerer Hitze offen einkochen lassen.

4 Inzwischen in einer Pfanne das restliche Öl erhitzen und darin die Zwiebel 1 Min. andünsten. Dann Zucchino und Möhren dazugeben und 1–2 Min. unter gelegentlichem Wenden mitdünsten. Den Tofu hineingeben und 3 Min. mitdünsten. Mit Salz, Pfeffer, Oregano und Petersilie würzen. Die Tomaten untermischen und 1/2 Min. mitdünsten.

5 Den Reis nach Bedarf abtropfen lassen. Den Spinat mit dem Reis vermischen. Zum Servieren in ein Portionsschüsselchen füllen, festdrücken und umgekehrt auf die Teller stürzen. Mit dem Gemüse garnieren und mit Zitronensaft beträufeln. Die Zitronenecken an den Rand der Teller legen.

Tip: Sie können den Spinat, bevor Sie ihn mit dem Reis vermischen, mit dem Pürierstab pürieren und den Reis so grün färben. Wenn Sie dann noch das Tomatenmark weglassen, erhält der Reis so eine herbere Geschmacksnote.

Zutaten für 4 Personen:

- 200 g Langkorn-Naturreis
- Meersalz
- 1 Knoblauchzehe
- 1 rote Zwiebel
- 5 cm Zitronengras (aus dem Asiengeschäft)
- 1 walnußgroßes Stück Ingwer
- 200 g Tofu
- 400 g grüner Spargel
- 200 g Zuckerschoten
- 2 Frühlingszwiebeln
- 1/2 eingelegte rote Chilischote
- 2 EL Erdnußöl
- 1 EL Zitronensaft
- 1 EL Sojasauce

Zubereitungszeit: 50 Min.
Pro Portion etwa:
1175 kJ / 275 kcal
12 g EW / 3 g F / 53 g KH

Vollwertig

Thailändischer Reis mit Spargel

1 Den Reis in 1/2 l Salzwasser zum Kochen bringen und 40 Min. garen. Inzwischen den Knoblauch und die Zwiebel schälen und kleinschneiden. Nur das Weiße vom Zitronengras kleinschneiden. Ingwer schälen und reiben. Tofu in 1 1/2 cm große Würfel schneiden.

2 Den Spargel waschen und biegen, bis er bricht. Nur die untere Hälfte schälen. Spargel längs halbieren. Die Zuckerschoten putzen und waschen. Beide Gemüse in 2 cm lange Stücke schneiden. Die Frühlingszwiebeln putzen, waschen und kleinschneiden. Die Chilischote längs aufschneiden und die Samen entfernen. Die Chilischote kleinschneiden.

3 In einer Pfanne das Öl erhitzen und rote Zwiebel, Knoblauch, Zitronengras und Ingwer darin 1 Min. andünsten. Spargel dazugeben und 1 Min. mitdünsten. Dann den Tofu 3 Min. und die Zuckerschoten 1 Min. mitgaren. Salzen und pfeffern. Reis abgießen, abtropfen lassen. Dann mit den Frühlingszwiebeln untermischen und mit Chilischote, Zitronensaft und Sojasauce abschmecken.

Tandoori-Reis mit Pilzen

1 Den Reis waschen, von Wasser bedeckt 30 Min. quellen, dann abtropfen lassen. 400 ml Wasser erhitzen. Die Zwiebel schälen und kleinschneiden. In einem Topf 1 EL Öl erhitzen und die Zwiebel darin bei mittlerer Hitze 2 Min. dünsten. Tandoori-Gewürz und Cayennepfeffer unterrühren. Den Reis dazugeben und 2 Min. glasig braten. Mit dem Wasser aufgießen. Aufkochen lassen und den Reis zugedeckt bei schwacher Hitze 20 Min. weich kochen, dann salzen.

2 Inzwischen die Champignons abreiben, putzen und in Scheiben schneiden. Eine Pfanne ohne Fett heiß werden lassen. Pinienkerne darin goldgelb rösten und beiseite stellen. In der Pfanne 1 EL Öl erhitzen. Die Champignons darin bei mittlerer Hitze 4 Min. dünsten, bis die Garflüssigkeit verdampft ist.

3 Basilikum waschen und in Streifen schneiden. Die Champignons mit Zitronensaft ablöschen, mit Salz und Pfeffer würzen. Die Champignons unter den Reis mischen. Mit den Pinienkernen und den Basilikumstreifen garnieren.

Zutaten für 4 Personen:

- 200 g Basmati-Naturreis
- 1 Zwiebel
- 2 EL Erdnuß- oder Sonnenblumenöl
- 1 1/2 TL Tandoori-Gewürz
- 1 Prise Cayennepfeffer
- Meersalz
- 200 g Champignons
- 30 g Pinienkerne
- 1/2 Bund Basilikum
- Saft von 1/2 Zitrone
- Pfeffer

Zubereitungszeit: 30 Min.
(+ 30 Min. Quellzeit)
Pro Portion etwa:
1113 kJ / 266 kcal
7 g EW / 8 g F / 44 g KH

Für die schlanke Linie

Koreanischer Reis

Zutaten für 4 Personen:

5 EL Sojasauce · 1 EL Sesamöl
1/2 Noriplatte, in Streifen geschnitten (aus dem Asienladen)
1/2 rote Paprikaschote
1/2–1 eingelegte Chilischote
1 Knoblauchzehe · 4 Tongkupilze
200 g Fingermais · 200 g Möhren
200 g Zucchini
4 Frühlingszwiebeln
200 g Süßreis (Moshireis oder ein anderer Rundkornreis)
2 EL Erdnußöl
1 TL frisch geriebener Ingwer
Meersalz · Pfeffer
Saft von 1/2 Zitrone
200 g Sojabohnensprossen **(Info Seite 88)**
1 Bund Brunnenkresse (ersatzweise 50 g Rucola)

Zubereitungszeit: 40 Min.
Pro Portion etwa:
1405 kJ / 336 kcal
11 g EW / 7 g F / 59 g KH

Vollwertig

1 Für die Sauce 4 EL Sojasauce, 2 TL Sesamöl und Nori-Algen vermischen. Die Paprikaschote waschen, putzen und in kleine Würfel schneiden. Die Chilischote längs aufschneiden und die Samen entfernen. Die Chilischote kleinschneiden. Paprika und Chillie unter die Sauce mischen. Den Knoblauch schälen und dazupressen.

2 Tongkupilze von heißem Wasser bedeckt 10 Min. einweichen; dann abtropfen lassen, das Pilzwasser aufheben. Die Stiele entfernen und die Hüte in Scheiben schneiden. Fingermais waschen, putzen und längs halbieren. Möhren und Zucchini waschen, putzen und in 1 cm dicke schräge Scheiben schneiden. Frühlingszwiebeln waschen, putzen und samt Grün kleinschneiden.

3 Den Reis waschen, abtropfen lassen und in 1/2 l Wasser 20 Min. garen. Inzwischen in einer großen Pfanne das Öl erhitzen. Möhren darin 5 Min. bei mittlerer Hitze dünsten. Mais, Zucchini, Pilze und Ingwer untermischen. Mit dem Pilzwasser aufgießen, salzen und pfeffern. Das Gemüse zugedeckt bei schwacher Hitze 5 Min. garen, dann die Frühlingszwiebeln untermischen und das Gemüse offen bei mittlerer Hitze ausdampfen lassen. Mit dem restlichen Sesamöl, mit Sojasauce und Zitronensaft abschmecken.

4 Inzwischen Sojasprossen waschen und oben schwimmende grüne Hülsen entfernen. Sojasprossen kurz blanchieren, eiskalt abschrecken und abtropfen lassen. Kresse waschen und in Streifen schneiden. Die Sauce in einer großen Pfanne erhitzen und die Sprossen darin 1 Min. unter Rühren dünsten. Den Reis abtropfen lassen. Mit der Kresse untermischen. Den Reis mit dem Gemüse garnieren.

Zutaten für 4 Personen:

8 kleine getrocknete Chilischoten
je 1 TL Kreuzkümmel, Koriander und Piment
4 Knoblauchzehen
1 EL Zitronensaft
2 EL Weißweinessig
4 EL Olivenöl
2 große Zwiebeln
8 EL Erdnuß- oder Sonnenblumenöl
225 g kleine (braune) Linsen (Puy-Linsen; aus dem Reformhaus)
Salz
225 g Mittelkornreis
100 g kleine Hartweizen-Nudeln (Hörnchen oder Gabelspaghetti)
Und: Korianderblättchen nach Belieben zum Garnieren

Zubereitungszeit: 1 Std.
Pro Portion etwa:
3091 kJ / 739 kcal
25 g EW / 24 g F / 109 g KH

Preiswert

Linsen mit Reis und Nudeln

1 Die Chillies mit 75 ml kochendem Wasser übergießen, 15 Min. quellen lassen. Inzwischen die Gewürze zerstoßen. Den Knoblauch schälen. Chillies, Knoblauch, die Hälfte der Gewürze, Zitronensaft, Essig und Olivenöl pürieren, beiseite stellen.

2 Die Zwiebeln schälen und in dünne Scheiben schneiden. In einem Schmortopf das Öl stark erhitzen. Die Zwiebeln darin in 7–10 Min. braun braten. Herausheben, auf Küchenpapier abtropfen lassen. Die Linsen in das Bratöl rühren, etwa 1/2 l Wasser aufgießen, salzen und bei mittlerer Hitze 15 Min. zugedeckt garen.

3 Den Reis einrühren, etwa 1/4 l Wasser dazugießen und 10 Min. zugedeckt köcheln lassen. Nudeln und restliche Gewürze einrühren, etwas Wasser angießen und noch 10–15 Min. köcheln lassen, dabei gerade so viel Wasser dazugeben, daß nichts am Topfboden klebt. Wenn die Nudeln gar sind, alles auf eine Platte häufen, mit den gerösteten Zwiebeln bestreuen. Mit Koriander garnieren. Die scharfe Chilisauce extra dazu servieren.

Reis-Tomaten-Gratin

1 Den Reis in 3/4 l Salzwasser 12–15 Min. kochen. Inzwischen Stielansätze der Tomaten entfernen. Tomaten kurz überbrühen, häuten und quer halbieren. Zucchini und Lauchzwiebeln waschen und klein würfeln. Petersilie waschen und fein hacken. Den Backofen auf 200° (Umluft 180°) vorheizen.

2 In einer Pfanne das Öl bei mittlerer Hitze heiß werden lassen, Zwiebeln in 3 Min. darin glasig dünsten. Die Zucchini dazugeben und 5 Min. mitdünsten. Vom Herd nehmen. Den Reis abgießen und abtropfen lassen. Die Eier mit Salz und Pfeffer verquirlen. Reis, Zucchinimischung, Käse und die Hälfte der Petersilie untermischen.

3 Eine Auflaufform einfetten. Die Reis-Zucchini-Mischung einfüllen. Die Tomaten mit der Schnittfläche nach oben ganz hineindrücken. Leicht salzen und pfeffern. Die restliche Petersilie mit den Semmelbröseln vermischen und über die Tomaten streuen. Den Auflauf mit der Butter in Flöckchen belegen. Im Ofen (Mitte) 25 Min. backen. Heiß servieren.

Zutaten für 4 Personen:

280 g Langkornreis
Salz
6 kleine Tomaten (etwa 400 g)
400 g Zucchini
4 Lauchzwiebeln
1 Bund glatte Petersilie
2 EL Olivenöl
4 Eier · Pfeffer
100 g frisch geriebener Gruyère
4 EL Semmelbrösel
50 g Butter
Und: Fett für die Form

Zubereitungszeit: 30 Min.
(+ 25 Min. Backzeit)
Pro Portion etwa:
2288 kJ / 547 kcal
20 g EW / 27 g F / 58 g KH

Gelingt leicht

Zutaten für 4–6 Personen:

50 g Korinthen
Saft von 2 Zitronen
800 g zarte Möhren
2 kleine Zwiebeln
2 Knoblauchzehen
40 g Butterschmalz
je 30 g Pinienkerne, gehackte Mandeln, Sonnenblumenkerne und Pistazienkerne (2–3 EL)
Salz
Pfeffer
800–900 ml Gemüsebrühe
400 g Basmatireis (oder anderer Langkornreis)
1/2 TL gemahlener Kardamom
1 Stück Zimtstange
2–3 Gewürznelken
2 getrocknete Chilischoten
1 Bund glatte Petersilie

Zubereitungszeit: 1 Std.
Bei 6 Personen pro Portion etwa: 2292 kJ / 548 kcal
14 g EW / 15 g F / 95 g KH

Für Gäste

Möhren-Pilaw

1 Die Korinthen im Zitronensaft 20 Min. einweichen. Inzwischen die Möhren gründlich waschen und in dünne Scheiben schneiden. Die Zwiebeln und die Knoblauchzehen schälen und fein würfeln.

2 In einem breiten Topf 30 g Butterschmalz erhitzen, die Pinienkerne, Mandeln, Sonnenblumenkerne und Pistazien darin 1–2 Min. unter Rühren anbraten. Mit einer Schaumkelle herausnehmen, salzen, pfeffern und beiseite stellen. In einem Topf die Gemüsebrühe erhitzen.

3 Inzwischen Zwiebeln und Knoblauch im übrigen heißen Schmalz glasig dünsten, den Reis hinzufügen und 4–5 Min. mitgaren, bis die Körner vom Fett überzogen sind. Die Möhren mit dem Reis vermischen, noch 3 Min. unter Rühren anschwitzen. Mit der heißen Gemüsebrühe aufgießen. Die Korinthen samt Zitronensaft, Salz, Kardamom, Zimt, Nelken und Chilischoten hinzufügen. Zugedeckt bei schwacher Hitze in 15–20 Min. bißfest garen, eventuell noch etwas Brühe angießen.

4 Die gerösteten Kerne und Mandeln unter den fertigen Reis mischen, mit Salz und Pfeffer abschmecken. Den Pilaw zugedeckt noch 10 Min. auf der abgeschalteten Herdplatte ziehen lassen. Inzwischen die Petersilie waschen, ein paar Blätter zum Garnieren beiseite legen, die restlichen fein hacken. Gehackte Petersilie zum Schluß über den Pilaw streuen und kurz durchschwenken. Mit Petersilienblättern garnieren.

Dazu paßt ein knackiger Eisbergsalat.

Tip: Den weißen Reis durch Vollkornreis ersetzen, die Garzeit verlängert sich dann auf 30–40 Min.

GETREIDE UND HÜLSENFRÜCHTE

Zutaten für 4 Personen:

8 reife Fleischtomaten (etwa 2 kg)
250 g Blattspinat
2 Frühlingszwiebeln
1 Zwiebel
1 Knoblauchzehe
2 EL Olivenöl
200 g Couscous (Instant; aus dem türkischen Lebensmittelladen oder Reformhaus)
200 ml Gemüsebrühe
2 TL gehackte Thymianblättchen
1 TL Paprika, edelsüß
1 Bund glatte Petersilie
100 g frisch geriebener mittelalter Gouda
Salz
Pfeffer
1–2 EL Zitronensaft
Und: Fett für die Form
Olivenöl zum Beträufeln
einige Zweige glatte Petersilie nach Belieben

Zubereitungszeit: 1 Std.
Pro Portion etwa:
2087 kJ / 499 kcal
20 g EW / 13 g F / 80 g KH

Gelingt leicht

Gefüllte Couscous-Tomaten

1 Die Tomaten waschen, gegenüber den Stielansätzen einen flachen Deckel abschneiden. Das Innere mit einem Teelöffel herausschaben, dabei einen etwa 1/2 cm breiten Rand stehen lassen. Das Fruchtfleisch in einem Sieb abtropfen lassen, dann grob hacken. Die Tomaten auf Küchenpapier umgedreht abtropfen lassen.

2 Den Spinat gründlich waschen und verlesen, harte Stiele entfernen. Spinat 2 Min. blanchieren, gut abtropfen lassen. Die Frühlingszwiebeln waschen, putzen und in feine Ringe schneiden. Die Zwiebel und den Knoblauch schälen und klein würfeln.

3 Inzwischen in einem breiten Topf das Olivenöl bei mittlerer Hitze heiß werden lassen. Zwiebel und Knoblauch darin kurz andünsten. Den Couscous und die Frühlingszwiebeln einrühren und 2 Min. mitdünsten. Den Spinat untermischen. Die Brühe angießen, mit Thymian und Paprika würzen. Auf der abgeschalteten Herdplatte zugedeckt 10 Min. quellen lassen, bis die Brühe verdampft ist.

4 Inzwischen die Petersilie waschen, die Blätter abzupfen und fein hacken. Den Backofen auf 200° (Umluft 180°) vorheizen. Den fertigen Couscous vom Herd nehmen. Die Petersilie, den Käse bis auf 2 EL und das gehackte Tomatenfruchtfleisch untermischen. Die Masse kräftig mit Salz, Pfeffer und Zitronensaft abschmecken.

5 Die Tomaten innen salzen und pfeffern, mit der Couscous-Masse füllen. Eine Auflaufform einfetten und die Tomaten hineinsetzen. Mit etwas Olivenöl beträufeln, die Tomatendeckel auflegen. Im Ofen (Mitte) 10–15 Min. backen, mit dem übrigen Gouda bestreuen und nach Belieben mit Petersilienzweigen garnieren.

Zutaten für 4 Personen:

150 g Dinkel
Meersalz
100 g Amaranth
5 Frühlingszwiebeln
80 g Möhren
80 g Kohlrabi
80 g Knollensellerie
1 rote Paprikaschote
500 g Zucchini
1 Zweig Rosmarin
1/4 Bund Schnittlauch
1 Ei
1 Eigelb
100 g Ricotta
50 g geriebener Parmesan
Pfeffer
1 Prise Muskatnuß
5 EL kaltgepreßtes Olivenöl
2 TL Zitronensaft
2 TL Sojasauce
2 TL Sesamöl

Zubereitungszeit: 40 Min.
Pro Portion etwa:
2330 kJ / 557 kcal
22 g EW / 36 g F / 53 g KH

Gelingt leicht

Amaranth-Bratlinge

1 100 g Dinkel schroten, 50 g mehlfein mahlen und beiseite stellen. 1/2 l Salzwasser zum Kochen bringen und den Schrot mit dem Amaranth bei schwacher Hitze zugedeckt 10–15 Min. darin garen.

2 Inzwischen die Frühlingszwiebeln waschen, putzen und kleinschneiden. Möhren, Kohlrabi und Sellerie putzen, schälen und raspeln. Die Paprikaschote waschen, halbieren, putzen und in 2 cm dicke Stücke schneiden. Zucchini waschen, putzen und in dünne Scheiben schneiden. Rosmarin und Schnittlauch waschen und fein schneiden. Das Getreide nach Bedarf abtropfen lassen.

3 Gemüseraspel, die Hälfte der Frühlingszwiebeln, gegartes Getreide, Ei, Eigelb, Ricotta und Parmesan vermischen. Mit Salz, Pfeffer, 1 TL Rosmarin, Schnittlauch und Muskatnuß würzen. Das beiseite gestellte Dinkelmehl nach Bedarf untermischen. Den Backofen auf 50° (Umluft 40°) vorheizen.

4 In einer Pfanne 1 EL Öl erhitzen und die Paprika 2 Min. darin dünsten, herausnehmen und kurz beiseite stellen. Die restlichen Zwiebeln und Zucchini mit dem restlichen Rosmarin in der Pfanne bräunen. Die Paprika nochmals kurz mitgaren. Mit Salz, Pfeffer, Zitronensaft, Sojasauce und Sesamöl abschmecken, im Ofen warm halten.

5 In einer großen Pfanne das restliche Öl bei mittlerer Hitze heiß werden lassen. Aus der Getreide-Gemüse-Masse mit dem Eßlöffel 20 Portionen abstechen und die erste Portion in das Öl geben. Die Bratlinge je Seite in 5 Min. goldbraun braten. Die Hitze nach Bedarf reduzieren. Die Bratlinge warm stellen. Mit der zweiten Portion genauso verfahren. Die Bratlinge mit dem Gemüse servieren.

Variante:
Quinoa-Bratlinge

120 g Weizenschrot und 80 g Quinoa in 1/2 l Gemüsebrühe wie links beschrieben garen. Je 300 g geraspelte Möhren und Zucchini, 1 gehackte Zwiebel, 1 Ei, 30 g geriebener Parmesan, 1/2 TL gehackter Thymian, Pfeffer, Salz, 1/2 Bund gehackte Petersilie und 1 Prise Paprika zu einem mittelfesten Teig verarbeiten. Mit dem Eßlöffel 20 Bratlinge abstechen und in 2 EL Öl je Seite 5 Min. bei mittlerer Hitze braten. Hitze eventuell reduzieren, 4 gewürfelte Tomaten in 1/2 EL Öl mit 1/2 TL gehackten Thymian 1 Min. dünsten. Salzen, pfeffern und dazu servieren.

Zutaten für 4 Personen:

1 Zwiebel
4 Knoblauchzehen
2 EL Olivenöl
130 g Grünkernschrot
2 getrocknete Chilischoten
je 2 TL Thymian, Oregano, Koriander, Kreuzkümmel
220 ml Gemüsebrühe
2 EL Paprika, edelsüß
4 gehäufte EL Hirseflocken (60 g)
2 Eier · 2 EL Mehl
Für den Bohnensalat:
2 Gläser große weiße Bohnen (je 420 g)
1 rote Paprikaschote
8 schwarze Oliven
4 EL Weißweinessig
4 EL Olivenöl
Salz · Pfeffer
Und: Öl zum Arbeiten
4 weiße Zwiebeln
200 g Ajvar (Paprikapaste, aus dem Glas)

Zubereitungszeit: 45 Min.
Pro Portion etwa:
2518 kJ / 602 kcal
30 g EW / 12 g F / 111 g KH

Läßt sich gut vorbereiten

Grünkern-Ćevapčići mit Bohnensalat

1 Die Zwiebel und die Knoblauchzehen schälen, sehr fein würfeln. In einem Topf das Olivenöl erhitzen, Grünkernschrot mit Zwiebel und Knoblauch bei mittlerer Hitze 5 Min. darin andünsten. Die Chilischoten mit Thymian, Oregano, Koriander und Kreuzkümmel im Mörser zerstoßen, dazugeben, dann die Gemüsebrühe aufgießen.

2 Das Paprikapulver unterrühren und die Brühe aufkochen lassen. Die Hitze herunterschalten und alles 5 Min. bei schwacher Hitze zugedeckt ausquellen lassen. Dann die Hirseflocken einrühren und den Topf vom Herd nehmen, 10 Min. abkühlen lassen.

3 Für den Salat die Bohnen abtropfen lassen, Paprikaschote waschen, putzen und in Streifen schneiden. Die Oliven nach Belieben entsteinen. Paprikaschote mit den Bohnen und Oliven mischen. Essig, Öl, Salz und Pfeffer verquirlen und den Salat damit anmachen.

4 Die Eier und das Mehl unter die abgekühlte Grünkernmasse mischen, mit Salz und Pfeffer würzen. Aus der Masse mit feuchten Händen fingerlange Würstchen formen, in einem Teller mit etwas Öl gleichmäßig rund drehen. Eine Grillpfanne erhitzen.

5 Die Würstchen in der Grillpfanne bei mittlerer Hitze 12–15 Min. rundum grillen (erst nach 5–6 Min. wenden, wenn sie fest geworden sind), in den letzten 3–4 Min. mit Alufolie abdecken. Zum Anrichten die weißen Zwiebeln schälen und grob hacken. Die Ćevapčići portionsweise auf Tellern mit gehackten Zwiebeln, einem Klecks Ajvar und dem Bohnensalat anrichten.

Tips: Wenn Sie keine Grillpfanne haben, können Sie die Ćevapčići auch unter dem vorgeheizten Backofengrill grillen oder in der dünn mit Öl ausgestrichen Bratpfanne braten.

Die Ćevapčići schmecken auch kalt sehr gut und eigenen sich somit z. B. für ein Picknick.

Bulgur-Kartoffel-Plätzchen

Zutaten für 4 Personen:

100 g Bulgur (z. B. aus dem Reformhaus)
250 ml Gemüsebrühe
50 g Rucola
6 EL kaltgepreßtes Olivenöl
1 EL Aceto balsamico
Meersalz
Pfeffer
40 g Walnußkerne
1 rote Zwiebel
1 Knoblauchzehe
1/2 Bund glatte Petersilie
500 g vorwiegend festkochende Kartoffeln
50 g Quark
1 Ei
1 Eigelb
3 feste Tomaten
1/2 Salatgurke
1 Eichblattsalat
1 kleiner Lollo Rosso

Zubereitungszeit: 30 Min.
Pro Portion etwa:
1803 kJ / 431 kcal
14 g EW / 18 g F / 60 g KH

Gelingt leicht

1 Den Bulgur mit der Gemüsebrühe unter Rühren einmal aufkochen lassen, vom Herd ziehen und zugedeckt 20 Min. quellen lassen.

2 Inzwischen den Rucola putzen, waschen, trockenschleudern und kleinschneiden. Mit 2 EL Öl mit dem Pürierstab pürieren. Mit Essig, Salz und Pfeffer vermischen. Die Walnußkerne grob hacken.

3 Die Zwiebel und die Knoblauchzehe schälen und kleinschneiden. Petersilie waschen, die Blättchen hacken. Kartoffeln waschen, schälen und grob raspeln. Zwiebel, Knoblauch, Kartoffeln, Quark, Ei und Eigelb vermischen. Bulgur und die Hälfte der Rucolasauce unterarbeiten und mit Salz, Pfeffer und Petersilie würzen, mit den Walnüssen vermischen.

4 Die Tomaten waschen und die Stielansätze entfernen. Die Gurke schälen. Tomaten und Gurke in 2 cm dicke Würfel schneiden. Mit der restlichen Rucolasauce vermischen. Blattsalate in einzelne Blätter teilen, waschen, trockenschleudern und in mundgerechte Stücke teilen.

5 In zwei großen Pfannen das restliche Öl erhitzen. Aus dem Teig 12 Plätzchen abstechen und in die Pfannen setzen. Die Plätzchen je Seite 5 Min. zunächst bei mittlerer Hitze, dann bei schwacher Hitze braten.

6 Die Bulgur-Kartoffel-Plätzchen auf die Teller verteilen. Den Blattsalat und den Tomaten-Gurken-Salat dazu legen.

Zutaten für 4 Personen:

200 g Grünkernschrot
1/2 l Gemüsebrühe
Meersalz
2 Schalotten
1 Bund Schnittlauch
50 g Quark
2 Eier
Pfeffer
2 EL Vollkorngrieß
3 EL Weizen-Vollkornmehl
800 g Wirsing
200 g Champignons
1 Knoblauchzehe
1 EL kaltgepreßtes Olivenöl
1 Prise Muskatnuß
1/2 Bund glatte Petersilie
3 EL Sahne
2 EL Milch
Schnittlauch zum Garnieren nach Belieben

Zubereitungszeit: 45 Min.
Pro Portion etwa:
1652 kJ / 395 kcal
22 g EW / 13 g F / 70 g KH

Gelingt leicht

Grünkernklößchen mit Wirsinggemüse

1 Den Grünkernschrot in die Gemüsebrühe rühren. Unter Rühren einmal aufkochen lassen, salzen, vom Herd ziehen und zugedeckt 15–20 Min. quellen, dann gegebenenfalls abtropfen lassen.

2 Inzwischen die Schalotten schälen und kleinschneiden. Schnittlauch waschen und in Röllchen schneiden. Die Hälfte der Schalotten, den Schnittlauch, den Quark, die Eier, Salz und Pfeffer vermischen. Grünkernschrot, Grieß und Mehl unterarbeiten. Den Wirsing putzen und den Strunk ausschneiden. Wirsing waschen, in Blätter teilen und die Blätter in mundgerechte Stücke schneiden. Die Champignons abreiben, putzen und in 1 cm kleine Würfel schneiden. Den Knoblauch schälen und kleinschneiden.

3 In einem Topf 2 l Salzwasser zum Kochen bringen. Mit einem Teelöffel aus dem Grünkernteig Klößchen abstechen und formen. In das Wasser gleiten lassen und die Klößchen 10–15 Min. im siedenden Wasser ziehen lassen (das Wasser soll nicht kochen).

4 Inzwischen in einem Topf das Öl erhitzen und die restlichen Schalotten und den Knoblauch darin 1 Min. dünsten. Champignons und Wirsing unterrühren und 5 Min. mitdünsten. Salzen, pfeffern und mit Muskatnuß würzen.

5 Die Petersilie waschen und kleinschneiden. Petersilie, Sahne und Milch unter das Gemüse rühren und 3 Min. offen köcheln lassen. Die Grünkernklößchen mit dem Wirsing auf die Teller verteilen. Nach Belieben mit Schnittlauch garnieren.

Tip: Grünkern gibt es schon fertig geschrotet zu kaufen. Wer keinen Grünkernschrot bekommt und keine Getreidemühle hat, kann das Getreide auch im Reformhaus oder Bioladen schroten lassen.

Zutaten für 4 Personen:
150 g Maisgrieß (Polenta)
1/4 l Milch
150 g Mehl
1/2 TL Salz
2 EL frisch geriebener Parmesan
1 EL gehackte Petersilie
Pfeffer
Für das Pesto:
150 g Basilikumblätter (großblättrige Sorte)
Salz
2 Knoblauchzehen
1 EL Pinienkerne
3 EL fein geriebener Pecorino (ersatzweise Parmesan)
2 EL kaltgepreßtes Olivenöl
2–3 EL heiße Gemüsebrühe
Und: Basilikum zum Garnieren

Zubereitungszeit: 1 1/4 Std. (+ 45 Min. Garzeit)
Pro Portion etwa: 1682 kJ / 402 kcal
13 g EW / 10 g F / 65 g KH

Preiswert

Polentaknödel mit Pesto

1 Den Maisgrieß in eine Schüssel geben. Die Milch erhitzen und darüber gießen. 1 Std. zugedeckt quellen lassen.

2 Inzwischen für das Pesto die Basilikumblätter waschen und grob zerzupfen. Den Knoblauch schälen und grob hacken. Basilikum mit 1 Prise Salz, dem Knoblauch und den Pinienkernen in einem Mörser oder mit dem Pürierstab zu einer gleichmäßigen Paste verarbeiten. Nach und nach den Pecorino und tröpfchenweise das Öl unterrühren.

3 Den eingeweichten Grieß mit dem Mehl, dem Salz, dem Parmesan und der Petersilie rasch zu einem festen Teig verkneten. Wenn nötig, noch etwas Milch dazugeben.

4 Aus der Masse runde, etwa walnußgroße Knödel formen. In einem Topf 2 l Salzwasser zum Kochen bringen. Die Knödel hineingeben. Die Hitze reduzieren und die Knödel offen bei schwacher Hitze 45 Min. leise darin ziehen lassen, mit einer Schaumkelle aus dem Topf heben und auf einer vorgewärmten Platte oder auf Tellern anrichten.

5 Das Pesto mit 2–3 EL Gemüsebrühe vermischen und sofort über die Knödel verteilen. Mit frisch gemahlenem Pfeffer bestreuen und mit Basilikum garnieren.

Tip: Dieses Gericht läßt sich auch schneller zubereiten: Verwenden Sie anstelle von grobem Maisgrieß schon vorbehandelten »Polenta-Fix«-Grieß. Dieser muß nur 5 Min. quellen.

Zutaten für 4 Personen:

50 g Pinienkerne
300 g zarte Möhren
3 Stangen Staudensellerie
4 Frühlingszwiebeln
300 g tiefgekühlte Erbsen
600 ml kräftige Gemüsebrühe
1 Zwiebel
1 Knoblauchzehe
4 EL Öl
300 g Hirse
1 Lorbeerblatt
1 TL Kräuter der Provence
2 Bund glatte Petersilie
30 g Butter
Salz
Pfeffer
1–2 EL Zitronensaft

Zubereitungszeit: 40 Min.
Pro Portion etwa:
2150 kJ / 514 kcal
16 g EW / 22 g F / 67 g KH

Gelingt leicht

Buntes »Hirsotto«

1 Die Pinienkerne in einer trockenen Pfanne goldbraun rösten, beiseite stellen. Die Möhren gründlich abbürsten und in kleine Würfel schneiden. Den Sellerie waschen, putzen, längs halbieren und in Scheibchen schneiden. Die Frühlingszwiebeln putzen, waschen und in Ringe schneiden. Die Erbsen antauen lassen. Die Gemüsebrühe in einem Topf erhitzen.

2 Inzwischen die Zwiebel und die Knoblauchzehe schälen und fein hacken. Das Öl in einem breiten Topf bei mittlerer Hitze heiß werden lassen. Erst Zwiebel und Knoblauch unter Rühren darin andünsten, dann Möhren, Sellerie und das Weiße der Frühlingszwiebeln hinzufügen und 3 Min. mitdünsten.

3 Die Hirse unterrühren. Die heiße Brühe angießen, Lorbeerblatt und Kräuter der Provence dazugeben. Zugedeckt 20 Min. bei schwacher Hitze köcheln lassen, dann die Erbsen und das Grün der Frühlingszwiebeln untermischen. Zugedeckt weitere 5 Min. auf der abgeschalteten Herdplatte ziehen lassen.

4 Inzwischen die Petersilie waschen, die Blättchen abzupfen. Einige Blätter zum Garnieren beiseite legen, den Rest fein hacken. Die gehackte Petersilie und die Butter in Flöckchen unter das Hirsotto mischen. Mit Salz, Pfeffer und Zitronensaft abschmecken. Mit den Pinienkernen bestreuen und mit der Petersilie garnieren.

Tip: Nach Belieben Sambal oelek oder eine scharfe Chilisauce dazu reichen.

Variante:
Quinoa mit Broccoli

600 g tiefgekühlten Broccoli nach Packungsangabe auftauen lassen und kleinschneiden. 1 große Zwiebel und 1 Knoblauchzehe schälen und fein würfeln, in 2 EL Öl andünsten. Broccoli untermischen und 3 Min. mitdünsten. 300 g Quinoa und 1 EL scharfes Currypulver dazugeben und kurz anschwitzen. 600 ml Gemüsebrühe angießen und alles zugedeckt bei ganz schwacher Hitze 20–25 Min. quellen lassen. Mit Salz, Pfeffer, Zitronensaft und 2 EL Sojasauce würzen und 5–7 Min. ziehen lassen. Mit Joghurt servieren.

Der Tip vom Profi !

Verwenden Sie zum Braten geschmacksneutrale raffinierte Öle, Butterschmalz oder Kokosfett. Die sonst so empfehlenswerten kaltgepreßten Öle eignen sich nicht, weil bei deren starker Erhitzung gesundheitsschädliche Stoffe entstehen. Eine Ausnahme bildet nur kaltgepreßtes Olivenöl, das aber relativ teuer ist.

Zutaten für 4 Personen:

100 g grobe Haferflocken
130 g feine Haferflocken
300 ml Gemüsebrühe
150 g Sprossen (Rettich oder Kresse und Roggen oder Weizen)
2 große Frühlingszwiebeln
2 EL Butter
1 Knoblauchzehe
2 Eier
2 EL gehackte Kräuter (Petersilie, Kerbel, Majoran)
Salz
Pfeffer
Muskatnuß
1 TL Vollkorn-Weizenmehl nach Bedarf
2 EL Butterschmalz

Zubereitungszeit: 45 Min. (+ 30 Min. Quellzeit)
Pro Portion etwa: 1615 kJ / 386 kcal
15 g EW / 15 g F / 53 g KH

Vollwertig

Hafersteaks

1 Haferflocken in eine Schüssel geben. Brühe aufkochen und darüber gießen. 30 Min. zugedeckt quellen lassen. Die Sprossen waschen und gut abtropfen lassen. 2 EL zum Garnieren beiseite stellen. Frühlingszwiebeln waschen. Das Weiße fein hacken, das Grün in feine Röllchen schneiden.

2 Frühlingszwiebeln in der Butter andünsten. Die Sprossen 2 Min. mitdünsten. Alles zu den Haferflocken geben. Knoblauch schälen, dazupressen. Eier und Kräuter untermengen. Mit Salz, Pfeffer und Muskat würzen. Aus der Masse 4 Kugeln formen. Wenn nötig, dabei das Mehl unterarbeiten. Die Kugeln zu Steaks flach drücken.

3 In einer Pfanne das Butterschmalz bei mittlerer Hitze heiß werden lassen. Die Hafersteaks darin in 10–15 Min. goldbraun braten, einmal wenden. Die Steaks auf Tellern verteilen und mit den Sprossen garnieren.

Info: Sprossen gibt es fertig zu kaufen, besonders frisch sind sie aber selbst gezogen. Während die Samen keimen, nimmt der Gehalt an Vitaminen stark zu. Unbedingt unbehandelte Samen im Reformhaus kaufen (nicht in Samenhandlungen – sind meist chemisch behandelt) und im Keimgerät nach Anleitung keimen lassen.

Kohlrouladen mit Grütze und Tomaten

Zutaten für 4 Personen:

1 Kopf Weißkohl
Salz
1 Zwiebel
3–4 Knoblauchzehen
50 g getrocknete, in Öl eingelegte Tomaten
4 EL Olivenöl
100 g Thermo-Grütze (aus dem Reformhaus; ersatzweise 100 g Bulgur)
300 ml Gemüsebrühe
1 TL Majoran
1 TL abgeriebene Zitronenschale von 1 unbehandelten Zitrone
je 1/2 TL gemahlener Koriander, Kreuzkümmel und Pfeffer
1 Prise Cayennepfeffer
1 kg reife Tomaten
je 1/2 Bund Petersilie und Dill
2 EL Vollkorn-Semmelbrösel
50 ml Weißwein oder Gemüsebrühe
Und: Öl für die Form

Zubereitungszeit: 40 Min. (+ 1 Std. Garzeit)
Pro Portion etwa:
1573 kJ / 376 kcal
12 g EW / 11 g F / 63 g KH

Ohne Milch und Eier

Dazu paßt ein trockener Weißwein, z. B. ein Grauburgunder aus Baden.

1 Den Kohlkopf waschen und die weniger schönen äußeren Blätter ablösen. Am unteren Teil etwa 3 cm von den dicken Blattrippen mit dem Strunk abschneiden. Den Kohl in einen großen Topf setzen, Salzwasser aufgießen, bis der Kohl halb davon bedeckt ist. Zugedeckt aufkochen lassen und den Kohl 5 Min. garen.

2 Dann den Kohlkopf herausheben und die jetzt weichen äußeren Blätter ablösen. Den Kohl nochmals ins kochende Wasser legen und wieder 5 Min. garen, herausheben und Blätter ablösen, bis man etwa 16 blanchierte Blätter hat. Die Blätter auf einem Küchentuch ausbreiten und abtropfen lassen. Dann die dicken Rippen der Blätter flach schneiden.

3 Die Zwiebel und die Hälfte der Knoblauchzehen schälen, fein hacken. Die getrockneten Tomaten in kleine Stückchen schneiden. In einem Topf 2 EL Olivenöl erhitzen, Zwiebel und Knoblauch darin 5 Min. hellbraun anbraten. Die Tomatenstückchen und die Grütze dazurühren und die Brühe aufgießen. Unter Rühren 5 Min. bei schwacher Hitze leise köcheln, dann noch 10 Min. auf der abgeschalteten Herdplatte ausquellen lassen. Mit Salz, Majoran, Zitronenschale, Koriander, Kreuzkümmel, Pfeffer und Cayennepfeffer pikant abschmecken.

4 Die Stielansätze der Tomaten entfernen. Tomaten kurz überbrühen, häuten, quer halbieren und entkernen. Das Fruchtfleisch klein würfeln. Petersilie und Dill waschen und hacken. Etwa 1/3 der Tomaten mit den Kräutern und den Semmelbröseln unter die Grütze rühren.

5 Jeweils 2 Kohlblätter (ein größeres und ein kleineres) aufeinander legen, mit je 1 gehäuften Eßlöffel Grütze füllen, zu Rouladen aufwickeln. Den Backofen auf 200° vorheizen. Eine flache Auflaufform fetten, die Rouladen dicht nebeneinander mit der Naht nach unten hineinlegen. Den restlichen Knoblauch schälen und fein hacken, mit 2 EL Olivenöl und Weißwein oder Gemüsebrühe unter die übrigen Tomatenwürfel rühren, würzen und über die Rouladen verteilen.

6 Die Rouladen mit Deckel oder Alufolie abdecken, im Ofen (Mitte, Umluft 180°) 1 Std. backen, bei Bedarf ein wenig Wasser nachgießen. Gegen Ende der Garzeit die Garprobe machen, dazu die Rouladen mit einer Messerspitze an einer Blattrippe anstechen. Wenn die Kohlhülle weich nachgibt, sind die Rouladen fertig.

Dazu am besten Petersilienkartoffeln servieren.

Tip: Statt mit Thermo-Grütze schmecken die Rouladen auch mit einer Füllung aus Bulgur.

Vom Kohlkopf die unteren 3 cm mit dem Strunk abschneiden, so lassen sich die Blätter leichter ablösen.

Jeweils ein größeres und ein kleineres Kohlblatt aufeinanderlegen, damit die Rouladen etwa gleich groß werden.

Die Kohlrouladen dicht nebeneinander, mit der Überlappungsstelle nach unten legen, so gehen sie beim Garen nicht auf.

Das besondere Rezept !

Ein schnelles Gericht, das leicht gelingt und der Familie genauso schmeckt wie Gästen. Alle Zutaten sind im Supermarkt zu bekommen und sehr preiswert. Darüber hinaus hat es wenig Kalorien und ist auch für Veganer geeignet. Daß es auch wirklich gesund ist, dafür sorgt Tofu, der reichlich pflanzliches Eiweiß enthält.

Zutaten für 4 Personen:

2 rote Zwiebeln
2 gelbe Paprikaschoten
6 Tomaten
6 Frühlingszwiebeln
1/2 Bund glatte Petersilie
4 EL kaltgepreßtes Olivenöl
1 EL Zitronensaft
250 g Tofu
250 g Champignons
Salz
Pfeffer
2 Dosen Kidneybohnen (je 400 g Füllmenge)
1 EL Sojasauce

Zubereitungszeit: 30 Min.
Pro Portion etwa:
1700 kJ / 400 kcal
20 g EW / 11 g F / 60 g KH

Schnell

Kidneybohnen-Pfanne mit Tofu

1 Die Zwiebeln schälen und kleinschneiden. Die Paprikaschoten waschen, halbieren, putzen und in etwa 2 cm große Stücke schneiden. Die Tomaten waschen, von den Stielansätzen befreien und in etwa 1 cm dicke Würfel schneiden. Frühlingszwiebeln putzen und waschen. Den weißen Teil längs halbieren und samt Grün in etwa 3 cm lange Stücke schneiden.

2 Die Petersilie waschen, Blättchen grob kleinschneiden und mit 2 EL Öl und Zitronensaft mit dem Pürierstab pürieren. Tofu in mundgerechte Scheiben schneiden und in der Petersiliensauce wenden. Champignons abreiben, putzen und vierteln.

3 In einer großen Pfanne das restliche Öl erhitzen und die roten Zwiebeln und die Paprikaschoten 1–2 Min. bei mittlerer Hitze darin dünsten. Die Champignons und die Frühlingszwiebeln 3 Min. mitdünsten. Die Tomatenwürfel dazugeben und mit Salz und Pfeffer abschmecken. Die Bohnen abgießen und abtropfen lassen. Die Bohnen zum Gemüse in die Pfanne geben und das Gericht mit Sojasauce abschmecken.

4 Eine Pfanne, möglichst eine Grillpfanne, heiß werden lassen und den Tofu darin auf jeder Seite 1 1/2 Min. braten oder grillen, salzen und pfeffern. Das Bohnengemüse mit der übrigen Petersiliensauce mischen und mit dem Tofu auf Tellern anrichten.

Dazu paßt ein warmes Mehrkorn-Baguette mit Kräuterbutter-Füllung.

Erbsen-Linsen-Bohnen-Curry

Zutaten für 4 Personen:

150 g kleine braune Linsen (Puy-Linsen; aus dem Reformhaus)
120 g Kokosraspel
4 mittelgroße Möhren
400 g grüne Bohnen
1 Dose Kichererbsen (400 g Füllmenge)
2 Zwiebeln
2 frische rote Chilischoten **(siehe Tip S. 55)**
400 g geräucherter Tofu
4 EL Erdnußöl · Salz
Für die Currymischung:
2 TL Koriander
2 TL Kreuzkümmel
4 Kardamomkapseln
1/2 TL Pfefferkörner
2 TL frischer gehackter Ingwer
1/2 TL Kurkuma (Gelbwurzpulver)
1 Prise Muskatblüte (Macis)
1 Prise Schabzigerklee (aus dem Reformhaus)
Und: 2 EL schwarze Sesamsaat

Zubereitungszeit: 1 Std.
Pro Portion etwa:
2817 kJ / 674 kcal
29 g EW / 28 g F / 86 g KH

Ohne Milch und Eier

1 Die Linsen in einem Sieb abbrausen, mit kaltem Wasser bedeckt aufkochen und zugedeckt 30–45 Min. bei mittlerer Hitze bißfest garen. Inzwischen die Kokosraspel mit 700 ml kochendem Wasser übergießen, 20 Min. ziehen lassen.

2 Die Möhren schälen, längs vierteln und halbieren. Die grünen Bohnen waschen und putzen. Möhren und Bohnen in kochendem Salzwasser 5 Min. sprudelnd kochen, eiskalt abschrecken und abtropfen lassen. Die Kichererbsen ebenfalls abtropfen lassen.

3 Die Zwiebeln schälen und in Streifen schneiden. Chilischoten waschen, aufschlitzen, Kerne und Trennwände entfernen, das Fruchtfleisch kleinhacken. Den Tofu in Streifen schneiden.

4 Für das Curry Koriander, Kreuzkümmel, Kardamomkerne und Pfeffer im Mörser zerstoßen, Ingwer, Kurkuma, Muskatblüte und Schabzigerklee untermischen. Die Kokosraspel in ein Sieb abgießen, die Flüssigkeit auffangen, die Rückstände fest auspressen und wegwerfen. Die Linsen in einem Sieb abtropfen lassen.

5 In einem Wok das Öl erhitzen, Zwiebeln und Tofu bei starker Hitze darin hellbraun anbraten, Linsen, Kichererbsen, Bohnen, Möhren, Chillies und Currymischung dazugeben. Kokossud aufgießen, salzen und bei mittlerer Hitze 6–7 Min. köcheln lassen. Mit schwarzem Sesam bestreut servieren.

Zutaten für 4 Personen:

4 Dosen rote Kidney-Bohnen (je 400 g Füllmenge)
2 Stangen Lauch (etwa 500 g)
2 Möhren
100 g Knollensellerie
1 Zwiebel · 1 Knoblauchzehe
4 EL Olivenöl
1/4 l Gemüsebrühe
150 g Sahne
Salz
2 TL getrockneter Thymian
1/2 TL Cayennepfeffer · Pfeffer
150 g frisch geriebener Emmentaler
4 EL Schnittlauchröllchen
Und: Fett für die Form

Zubereitungszeit: 30 Min.
Pro Portion etwa:
3012 kJ / 720 kcal
36 g EW / 30 g F / 82 g KH

Gelingt leicht

Mexikanischer Bohnenauflauf

1 Die Bohnen gut abtropfen lassen. Lauch putzen, längs aufschneiden und waschen. In 1 cm breite Ringe schneiden. Möhre und Sellerie schälen und klein würfeln. Zwiebel und Knoblauchzehe schälen und fein hacken. Zwiebel und Knoblauch in 2 EL Öl bei mittlerer Hitze glasig dünsten, dann Lauch, Möhre und Sellerie hinzufügen und 3 Min. mitdünsten.

2 Den Backofen auf 200° (Umluft 180°) vorheizen. Bohnen, Brühe und Sahne zum Gemüse geben und unter Rühren 5 Min. köcheln lassen. Mit Salz, Thymian, Cayennepfeffer und Pfeffer würzen. Eine feuerfeste Form gut einfetten, das Gemüse hineingeben. Mit dem Käse bestreuen und mit dem übrigen Öl beträufeln. Im Ofen (unten) 15 Min. überbacken. Mit Schnittlauch bestreuen.

Schwarze Bohnen mit Kräutern

1 Den Knoblauch schälen. Bohnen (statt Einweichen) mit 300 ml Wasser und Knoblauch 1 Min. sprudelnd kochen. Vom Herd ziehen und 1 Std. quellen lassen. Dann 30–40 Min. zugedeckt bei schwacher Hitze garen. In den letzten 15 Min. salzen. Bohnen abgießen und Knoblauch entfernen.

2 Von Spinat und Minze Stiele entfernen. Beides waschen, trockenschleudern und in Streifen schneiden. Frühlingszwiebeln waschen, putzen, kleinschneiden. Kartoffeln waschen, schälen, halbieren und in Scheiben schneiden. Backofen auf 180° (Umluft 160°) vorheizen.

3 Kartoffeln in der Brühe 10 Min. garen, abgießen. In einem Topf 1 EL Öl erhitzen. Spinat, Zwiebeln und Minze bei mittlerer Hitze darin 1–2 Min. andünsten, salzen und mit Muskatnuß würzen. Dann zugedeckt bei schwacher Hitze 5 Min. garen.

4 Eine Gratinform einfetten. Kartoffeln, Spinatmischung, Bohnen und Crème fraîche vermischen, salzen, pfeffern und in die Form geben. Tomaten waschen, von den Stielansätzen befreien und in Scheiben schneiden. Den Auflauf damit belegen. Mit dem restlichen Öl beträufeln. Petersilie waschen, Blättchen hacken. Salz, Kräuter, Brösel und Parmesan darüber streuen. Im Ofen (Mitte) 25 Min. backen.

Zutaten für 4 Personen:

1 Knoblauchzehe
100 g kleine schwarze Bohnen
Meersalz
500 g Spinat · 2 Zweige Minze
4 Frühlingszwiebeln
500 g kleine vorwiegend festkochende Kartoffeln
1/8 l Gemüsebrühe
2 EL kaltgepreßtes Olivenöl
1 Prise Muskatnuß
3 EL Crème fraîche · 4 Tomaten
1/2 Bund Petersilie
2 TL frisch gehackter Rosmarin
1 TL Thymianblättchen
2 EL Vollkorn-Semmelbrösel
50 g geriebener Parmesan
Und: Öl für die Gratinform

Zubereitungszeit: 1 Std. (+ 1 Std. Quellzeit)
Pro Portion etwa:
1573 kJ / 376 kcal
19 g EW / 12 g F / 54 g KH

Läßt sich gut vorbereiten

Zutaten für 4 Personen:

- **40 g feines Maismehl**
- **Salz**
- **40 g Weizenmehl**
- **2 Eier**
- **50 ml Milch**
- **1 kg reife Tomaten**
- **2 mittelgroße Zwiebeln**
- **4 Knoblauchzehen**
- **2 frische rote Chilischoten (siehe Tip S. 55)**
- **2 EL Öl**
- **600 g Zucchini**
- **Chili-Gewürzmischung**
- **1 TL getrockneter Oregano**
- **2 Kugeln Mozzarella (je 125 g)**
- **100 g geriebener Hartkäse (Greyerzer, alter Gouda)**
- **300 g Sahne-Dickmilch**
- **Und: Öl zum Braten**
- **Fett für die Form**

Zubereitungszeit: 35 Min. (+ 20 Min. Garzeit)
Pro Portion etwa: 2581 kJ / 617 kcal
34 g EW / 36 g F / 45 g KH

Gelingt leicht

Überbackene Maispfannkuchen

1 Maismehl in einer Schüssel mit 200 ml kochendem Salzwasser unter Rühren vermischen, 5–10 Min. quellen lassen. Mehl, Eier und Milch unterrühren, salzen und wieder etwas quellen lassen.

2 Inzwischen die Stielansätze der Tomaten entfernen. Tomaten kurz überbrühen, häuten, quer halbieren und entkernen. Das Fruchtfleisch klein würfeln. Zwiebeln und Knoblauch schälen und würfeln. Chilischoten waschen, längs aufschlitzen, entkernen und putzen, klein würfeln. In einem Topf das Öl erhitzen, Zwiebeln und Knoblauch darin glasig dünsten. Chillies und Tomaten einrühren, kurz mitgaren. Salzen und offen bei schwacher Hitze 20 Min. leise köcheln lassen.

3 In einer Pfanne Öl zum Braten heiß werden lassen. Aus dem Pfannkuchenteig nacheinander dünne Pfannkuchen backen, fertige unter einem Tuch abkühlen lassen. Den Backofen auf 225° (Umluft 200°) vorheizen. Zucchini putzen, waschen und in schmale Streifen schneiden, mit Salz, Chiligewürz und Oregano würzen. Eine flache Auflaufform (oder ein tiefes Backblech) einfetten.

4 Die Maispfannkuchen jeweils mit etwas Tomatensauce bestreichen. Die rohen Zucchinistreifen darauf legen und die Pfannkuchen aufwickeln. Gefüllte Maispfannkuchen nebeneinander in die Form (oder aufs Blech) legen. Mozzarella in Scheiben schneiden. Maispfannkuchen erneut dünn mit Tomatensauce bestreichen, mit geriebenem Käse bestreuen und mit Mozzarella belegen.

5 Die Maispfannkuchen im Ofen (Mitte) 20 Min. überbacken. Die Sahne-Dickmilch glattrühren und extra dazu servieren.

Tips: Die scharfe Tomatensauce können Sie auch kalt als Dip mit rohem Gemüse oder mit Mais-Chips servieren.

Wenn es schnell gehen soll: fertige Weizen-Tortillas (aus dem Spezialitätenregal) nehmen.

Zutaten für 6 Personen:

Für die Linsen:
1 EL Butter · 1 kleine Zwiebel
Je 40 g sehr kleine Würfel von Möhren, Lauch, Sellerie
1 Knoblauchzehe
1/8–1/4 l Gemüsebrühe
200 g kleine braune Linsen
1 TL gehacktes Bohnenkraut
1/2 TL Currypulver
Salz · Pfeffer
1 Prise Cayennepfeffer
Für das Sauerkraut:
1 große Zwiebel · 1 EL Butter
400 g rohes Sauerkraut
4 EL Weißwein oder 1 TL Zitronensaft
1/8 l Gemüsebrühe
1 kleine mehligkochende Kartoffel
Salz · Pfeffer
Und: 700 g TK-Blätterteig
4 Eier · 200 ml Milch

Zubereitungszeit: 1 1/2 Std.
Pro Portion etwa:
3216 kJ / 769 kcal
24 g EW / 38 g F / 83 g KH

Gelingt leicht

Linsen-Sauerkraut-Auflauf

1 Für die Linsen die Butter in einer Kasserolle erwärmen. Die Zwiebel schälen und hacken. Gemüsewürfel und Zwiebel 2 Min. in der Butter andünsten. Knoblauch schälen und dazupressen. 1/8 l Brühe angießen und aufkochen. Linsen und Bohnenkraut hinzufügen und bei schwacher Hitze zugedeckt in 45 Min. knapp gar köcheln. Bei Bedarf nach und nach die restliche Brühe aufgießen.

2 Inzwischen für das Sauerkraut die Zwiebel schälen und hacken. Zwiebel in der Butter 1–2 Min. dünsten. Das Sauerkraut gut abtropfen lassen und dazugeben. Mit Wein oder Zitronensaft begießen und aufkochen. Die Brühe dazugeben. Die Kartoffel schälen und direkt in den Topf reiben. Bei schwacher Hitze zugedeckt 45 Min. garen.

3 Inzwischen den Blätterteig halbieren. Die eine Hälfte passend zum Backblech ausrollen. Das Blech kalt abspülen und mit dem Teig belegen. Einen Rand von etwa 3 cm hochziehen. 2 Eier trennen. Die Eiweiße verquirlen. Den Teigboden damit bestreichen und 15 Min. antrocknen lassen. Den restlichen Teig ausrollen und zu etwa 1 cm breiten Streifen schneiden. Den Backofen auf 220° (Umluft 200°) vorheizen.

4 Die Linsen mit Curry, Salz, Pfeffer und Cayennepfeffer abschmekken, abgießen, gut abtropfen lassen und auf dem Teigboden verteilen. Das Sauerkraut mit Salz und Pfeffer abschmecken, ebenfalls gut abtropfen lassen und über die Linsen verteilen. Restliche Eier mit der Milch verquirlen und über das Sauerkraut gießen. Die Teigränder etwas über die Füllung biegen. Die Teigstreifen gitterartig auf dem Sauerkraut verteilen und an den Rändern leicht andrücken. Mit den verquirlten Eigelben bestreichen. Im Ofen (Mitte) 30 Min. backen.

Tips: Sollte die Oberfläche des Auflaufs zu schnell bräunen, decken Sie sie locker mit Alufolie ab.

Sie können auch bereits gekochtes Sauerkraut oder Sauerkrautreste verwenden.

Falafel mit Joghurtsauce

Zutaten für 4 Personen:

200 g getrocknete Kichererbsen
1 Brötchen vom Vortag
200 g Joghurt
200 g Crème fraîche
2 EL Zitronensaft
Salz
Pfeffer
1 Zwiebel
1 Knoblauchzehe
1 Bund glatte Petersilie
1 EL gemahlener Koriander
1 EL gemahlener Kreuzkümmel
1/4 TL Backpulver
1–2 EL Semmelbrösel nach Bedarf
2 Tomaten
1/2 Salatgurke (etwa 300 g)
Und: Öl zum Ausbacken

Zubereitungszeit: 45 Min.
(+ 12 Std. Einweichzeit)
Pro Portion etwa:
2271 kJ / 543 kcal
16 g EW / 28 g F / 67 g KH

Braucht etwas Zeit

1 Die Kichererbsen in Wasser über Nacht einweichen. Am nächsten Tag das Brötchen 10 Min. einweichen, dann gut ausdrücken. Für die Sauce Joghurt mit Crème fraîche und Zitronensaft verrühren. Salzen und pfeffern, zugedeckt kalt stellen.

2 Die Zwiebel und den Knoblauch schälen und fein hacken. Die Kichererbsen abgießen und gut abtropfen lassen. Mit Brötchen, Zwiebel und Knoblauch im Mixer zu einer Paste pürieren.

3 Die Petersilie waschen, Blätter abzupfen und fein hacken. Zum Kichererbsenpüree geben. Mit Koriander, Kreuzkümmel, Salz und Pfeffer würzen. Backpulver hinzufügen und alles gut vermischen. Falls der Teig zu weich ist, noch 1–2 EL Semmelbrösel untermischen. Aus dem Teig mit nassen Händen etwa 30 walnußgroße Klößchen formen. Den Backofen auf 50° (Umluft 40°) vorheizen.

4 Das Öl zum Fritieren auf 180° erhitzen. Die Falafel darin portionsweise in 2–3 Min. goldbraun ausbacken. Mit einer Schaumkelle herausnehmen und auf Küchenpapier kurz abtropfen lassen. Im Ofen warm halten, bis alle fertig sind.

5 Die Tomaten waschen und von den Stielansätzen befreien, die Gurke schälen. Gurke in Scheiben schneiden, Tomaten achteln. Auf Tellern anrichten, leicht salzen und pfeffern. Falafel und Joghurtsauce dazu servieren.

Tip: Statt der getrockneten Kichererbsen 400 g Kichererbsen aus der Dose nehmen, abtropfen lassen und pürieren.

GEMÜSE UND FRÜCHTE

Das besondere Rezept !

Dieses feine Gemüsegericht gelingt leicht und kann gut mit immer anderen Gemüsesorten variiert werden. Durch die besonders schonende Art der Zubereitung bleiben die meisten Vitamine des Gemüses erhalten, und somit ist es ein nicht nur köstliches, sondern auch äußerst gesundes Essen. Wer auf die schlanke Linie achtet, kann die Zitronencreme statt mit Mascarpone auch mit saurer Sahne zubereiten.

Zutaten für 4 Personen:

750 g gemischtes Gemüse (z. B. kleine junge Möhren, Kohlrabi, Zucchini, kleine Tomaten, Prinzeßbohnen, Zuckerschoten)
Salz
Pfeffer
350 ml Gemüsebrühe
Für die Sauce:
1 unbehandelte Zitrone
250 g Mascarpone
60 g Butter
Salz
Pfeffer
3 Zweige Zitronenmelisse

Zubereitungszeit: 1 Std.
Pro Portion etwa:
2179 kJ / 521 kcal
9 g EW / 43 g F / 28 g KH

Gelingt leicht

Gedämpftes Sommergemüse mit Zitronencreme

1 Das Gemüse putzen und waschen oder schälen. Möhren samt dem grünen Stiel längs halbieren. Kohlrabi vierteln. Kohlrabi und Zucchini in dünne Scheiben schneiden. Tomaten kreuzweise einritzen. Bohnen und Zuckerschoten putzen.

2 Das Gemüse auf einen Dämpfeinsatz legen, leicht salzen und pfeffern. In einem ausreichend großen Topf die Brühe aufkochen lassen. Den Dämpfeinsatz hineinstellen, ohne daß er die Flüssigkeit berührt. Das Gemüse darin zugedeckt bei mittlerer Hitze in 15–20 Min. bißfest dämpfen.

3 Inzwischen für die Sauce die Zitrone heiß waschen, mit einem Zestenschneider einige Späne abziehen, die übrige Schale fein abreiben. Den Mascarpone mit der Butter und 2 EL Zitronensaft in einem Wasserbad unter ständigem Rühren erwärmen. Die abgeriebene Zitronenschale unterrühren. Mit Salz und Pfeffer abschmecken.

4 Die Zitronenmelisse abbrausen, die Blättchen abzupfen und bis auf einige zum Garnieren in feine Streifen schneiden, zum Schluß unter die Creme rühren. Das Gemüse anrichten, mit einigen Eßlöffeln Dämpfsud beträufeln. Die Mascarponecreme getrennt dazu reichen, mit Zitronenspänen und Zitronenmelisse garnieren.

Dazu passen als Beilage neue Pellkartoffeln.

Tip: Auf die Schnelle: frische Gemüsesorten durch eine Packung gemischte tiefgekühlte Gemüse ersetzen.

Zutaten für 4 Personen:

- 4 mittelgroße Möhren
- 2 Zucchini (etwa 400 g)
- 3 Stangen Staudensellerie
- 1 Kohlrabi (etwa 300 g)
- 600 g kleine festkochende Kartoffeln
- 1 große Zwiebel
- 300 ml Gemüsebrühe
- 40 g Butter
- 150 g Crème fraîche
- 4 große Eier
- Salz
- Pfeffer
- etwas abgeriebene Schale von 1 unbehandelten Zitrone
- 1 Meßlöffel (1 g) pflanzliches Bindemittel (siehe Tips)
- 2 EL scharfer Senf
- 1 Kästchen Gartenkresse

Zubereitungszeit: 50 Min.
Pro Portion etwa:
1815 kJ / 434 kcal
14 g EW / 23 g F / 47 g KH

Gelingt leicht

Gemüseragout in Senfsahne

1 Die Möhren schälen, Zucchini und Sellerie waschen und putzen. Möhren und Sellerie schräg in dünne, Zucchini in etwa 1 cm dicke Scheiben schneiden. Den Kohlrabi schälen, vierteln und in 1/2 cm dünne Scheiben schneiden. Die Kartoffeln schälen und längs vierteln. Die Zwiebel schälen und klein würfeln. In einem Topf die Gemüsebrühe erhitzen.

2 Inzwischen die Butter in einem breiten Topf zerlassen. Zuerst die Zwiebel unter gelegentlichem Rühren darin glasig werden lassen, dann Möhren, Sellerie, Kohlrabi und Kartoffeln hinzufügen und 5 Min. andünsten. Die Zucchini untermischen.

3 Die heiße Gemüsebrühe angießen und alles zugedeckt bei schwacher Hitze 10 Min. garen. Die Crème fraîche einrühren. Zugedeckt noch 8–10 Min. garen. Inzwischen die Eier in 7–8 Min. wachsweich kochen, dann abschrecken, pellen und längs halbieren.

4 Das Gemüse mit Salz, Pfeffer und Zitronenschale abschmecken. Das Bindemittel einrühren. Einmal aufwallen lassen, bis das Gemüse gebunden ist. Den Topf vom Herd ziehen, den Senf einrühren. Das Gemüse auf Tellern verteilen. Die Eier auf dem Gemüse anrichten. Die Kresse abbrausen, abschneiden und darüber streuen.

Tips: Pflanzliches Bindemittel gibt es z. B. als Johannisbrotkernmehl oder als Biobin im Reformhaus.

Das Gericht bekommt einen völlig neuen Charakter, wenn Sie den Kohlrabi durch zarte Fenchelknollen ersetzen.

Zutaten für 4 Personen:

4 rote oder grüne Paprikaschoten (etwa 800 g)
2 große Gemüsezwiebeln
2 Auberginen (etwa 700 g)
500 g vorwiegend festkochende Kartoffeln
500 g kleine Zucchini
6 Knoblauchzehen
2 frische grüne Chilischoten (siehe Tip Seite 55)
6 EL Olivenöl
1/4 l Gemüsebrühe
1 große Dose geschälte Tomaten (800 g Füllgewicht)
je 1 TL Koriander, Piment, Kreuzkümmel und schwarze Pfefferkörner
4 Gewürznelken · 1 Zimtstange
grobes Meersalz
Harissa (scharfe Chilipaste)
4 frische Eier
Und: Backpapier für das Backblech

Zubereitungszeit: 1 Std. (+ 30 Min. Garzeit)
Pro Portion etwa: 2071 kJ / 495 kcal
17 g EW / 19 g F / 73 g KH

Für Gäste

Geschmortes Grillgemüse

1 Den Backofengrill auf höchste Stufe vorheizen. Paprikaschoten waschen, halbieren und putzen. Zwiebeln ungeschält längs halbieren. Auberginen waschen, längs durchschneiden. Die Gemüse mit den Schnittflächen nach unten auf ein mit Backpapier ausgelegtes Backblech legen und unter dem Grill 7 Min. backen, bis die Haut fast schwarz ist und Blasen wirft.

2 Inzwischen die Kartoffeln schälen und in 1 cm große Würfel schneiden. Die Zucchini waschen, putzen und ebenfalls in 1 cm große Würfel schneiden. Knoblauch schälen und hacken.

3 Das gegrillte Gemüse aus dem Ofen nehmen. Paprikaschoten kurz abkühlen lassen. Von den Zwiebeln die dunklen Häute entfernen, das Zwiebelfleisch grob hacken. Die Auberginen würfeln. Die Paprikaschoten häuten, ebenfalls würfeln. Die Chilischoten längs aufschlitzen und unter fließendem Wasser die Kerne entfernen. Chillies in dünne Ringe schneiden.

4 In einem breiten Schmortopf das Olivenöl erhitzen, Zwiebeln, Knoblauch und Kartoffeln bei mittlerer Hitze in 5 Min. goldgelb braten. Das ganze Gemüse in den Schmortopf geben, unter gelegentlichem Rühren offen 10 Min. anschmoren.

5 Die Brühe und die Tomaten zum Gemüse rühren. Koriander, Piment, Kreuzkümmel, Pfeffer, Nelken und Zimt mit etwas Meersalz im Mörser grob zermahlen und dazugeben. Bei schwacher Hitze zugedeckt 20 Min. schmoren. Das Gemüse mit Harissa und Salz abschmecken, 4 Vertiefungen hineindrücken und die Eier dort hinein aufschlagen. Zugedeckt in 10 Min. leicht stocken lassen. Warm servieren.

Tips: Das pikante tunesische Schmorgemüse können Sie auch ohne Eier zubereiten und kalt als leichtes, sommerliches Gericht mit Oliven oder hartgekochten Eiern garniert servieren (läßt sich gut vorbereiten).

Wenn Sie keinen Grill haben, backen Sie das Gemüse bei 250° (oben, Umluft 220°) 20 Min.

Wirsingauflauf mit Gorgonzola

Zutaten für 4 Personen:

1 kleiner Kopf Wirsing (etwa 900 g)
600 g mehligkochende Kartoffeln
1/2 l Gemüsebrühe
1 TL frische oder getrocknete Rosmarinnadeln
2 Zwiebeln
4 Knoblauchzehen
4 EL Butter
4 leicht gehäufte EL Mehl
600 ml Milch
400 g reife Tomaten
1 Bund Basilikum
150 g Gorgonzola- oder Edelpilzkäse
Salz · Pfeffer
Muskatnuß
2 Eier
Und: Butter für die Form

Zubereitungszeit: 45 Min.
(+ 30 Min. Garzeit)
Pro Portion etwa:
2727 kJ / 652 kcal
27 g EW / 33 g F / 67 g KH

Preiswert

1 Vom Wirsing die Blätter ablösen, die dicken Blattrippen ausschneiden. Die Wirsingblätter waschen, abtropfen lassen und in Streifen schneiden. Die Kartoffeln schälen und grob würfeln, in der Gemüsebrühe 5 Min. garen. Die Wirsingstreifen und den Rosmarin dazugeben, bei mittlerer Hitze 10–15 Min. zugedeckt garen.

2 Inzwischen Zwiebeln und Knoblauch schälen und fein hacken. In einer Kasserolle die Butter erhitzen, Zwiebeln und Knoblauch darin bei mittlerer Hitze hellgelb anbraten, das Mehl einrühren und aufschäumen lassen. Die Milch angießen und unter Rühren aufkochen.

3 Wirsing und Kartoffeln abgießen, die Brühe auffangen. 200 ml davon abmessen und zur Béchamelsauce gießen, 5 Min. bei schwacher Hitze leise köcheln lassen. Den Backofen auf 250° (Umluft 220°) vorheizen.

4 Stielansätze der Tomaten entfernen. Tomaten kurz überbrühen, häuten, quer halbieren und entkernen. Das Fruchtfleisch klein würfeln. Basilikum waschen, einige Blättchen zum Garnieren beiseite legen. Die restlichen Blättchen grob hacken. Tomaten und Basilikum mit dem gut abgetropften Gemüse vermischen. Eine hohe, runde Auflaufform ausbuttern, das Gemüse einfüllen.

5 Den Gorgonzola in die Sauce rühren und schmelzen lassen, mit Salz, Pfeffer und Muskat würzen. Etwas abkühlen lassen, dann die Eier unterrühren und die Sauce über den Auflauf gießen. Im Ofen (Mitte) 30 Min. gratinieren, bis die Oberfläche gut gebräunt ist. Mit Basilikumblättchen garnieren.

Zutaten für 4 Personen:

2 große Auberginen (etwa 700 g)
Salz
2 kleine Zwiebeln
2 Knoblauchzehen
8 EL Olivenöl
2 kleine getrocknete Chilischoten
je 1/2 TL getrockneter Thymian, Oregano und Salbei
100 ml Rotwein oder Gemüsebrühe
1 große Dose geschälte Tomaten (800 g)
300 g Mozzarella
8 getrocknete Tomaten
2 EL Olivenpaste (aus dem Glas)
Pfeffer
Und: Backpapier für das Backblech

Zubereitungszeit: 1 Std.
Pro Portion etwa:
3309 kJ / 791 kcal
36 g EW / 38 g F / 89 g KH

Für Gäste

Auberginenrouladen auf Tomatensauce

1 Die Auberginen waschen, Strunkansatz entfernen. Auberginen längs in 1/2 cm dicke Scheiben schneiden, mit Salz bestreuen und 15 Min. Saft ziehen lassen. Den Backofen auf 225° (Umluft 200°) vorheizen.

2 Für die Tomatensauce Zwiebeln und Knoblauch schälen und fein hacken. In einer Kasserolle 2 EL Olivenöl erhitzen, Zwiebeln und Knoblauch darin andünsten. Die Chilischoten im Mörser zerreiben. Chillies, Kräuter, Rotwein oder Brühe und die Tomaten einrühren. Offen bei schwacher Hitze 30 Min. köcheln lassen.

3 Inzwischen die Auberginenscheiben mit Küchenpapier trockentupfen, auf ein mit Backpapier belegtes Backblech setzen, mit 4 EL Olivenöl bepinseln und im Ofen (oben) 10–15 Min. backen, bis sie leicht gebräunt sind. Mozzarella abtropfen lassen und in bleistiftdicke Streifen schneiden, die getrockneten Tomaten längs vierteln.

4 Die Auberginenscheiben aus dem Ofen nehmen und auf der gebräunten Seite mit Olivenpaste bestreichen. Jeweils ein Stück Mozzarella und getrocknete Tomate darauf legen, fest aufrollen und mit Zahnstochern zusammenstecken. Mit dem restlichen Öl bepinseln und wieder in den Ofen schieben. Nochmals 10–15 Min. backen, bis die Röllchen außen gebräunt sind. Die Tomatensauce mit Salz und Pfeffer abschmecken, die gefüllten Auberginen hineinsetzen. Noch 5 Min. darin zugedeckt ziehen lassen.

Mit Vollkorn-Baguette oder Olivenbrot servieren.

Dazu schmeckt ein fruchtiger italienischer Rotwein, z. B. ein Merlot del Veneto.

Der Tip vom Profi !

Frische Steinpilze sollten Sie am besten immer noch am selben Tag zubereiten und essen. Wenn das nicht möglich ist, putzen Sie die Pilze (nicht waschen!) und bewahren sie am besten auf Butterbrotpapier ausgebreitet in einem kühlen Kellerraum auf. Wer keinen Keller hat, der legt sie auf ein Geschirrtuch ausgebreitet ins Gemüsefach des Kühlschranks. Die Pilze halten sich bis zum nächsten Tag.

Zutaten für 4 Personen:

4 große Zucchini (1 kg)
2 Schalotten
2 Knoblauchzehen
150 g frische Steinpilze (ersatzweise 25 g getrocknete Steinpilze)
4 getrocknete Tomaten
2 EL Olivenöl
110 g Langkornreis
Salz
Pfeffer
2 Eier
2–3 EL Semmelbrösel
150 ml Gemüsebrühe
je 1 TL getrockneter Oregano und Thymian
4 EL Zitronensaft
1 EL Butter

Zubereitungszeit: 35 Min. (+ 35 Min. Garzeit)
Pro Portion etwa: 1750 kJ / 400 kcal
18 g EW / 12 g F / 72 g KH

Für die schlanke Linie

Gefüllte Zucchini mit Steinpilzen

1 Zucchini waschen, putzen und in etwa 10 cm lange Stücke schneiden. Die Stücke mit einem Apfelausstecher aushöhlen. Das Fruchtfleisch beiseite stellen. Schalotten und Knoblauch schälen, fein würfeln. Steinpilze putzen, die Hälfte davon sehr fein hacken, den Rest in dünne Scheiben schneiden. Getrocknete Tomaten hacken.

2 Olivenöl erhitzen, Schalotten und Knoblauch darin bei mittlerer Hitze glasig dünsten. Steinpilze dazugeben und anbraten, bis der Saft verdunstet ist. Den Reis einstreuen und 450 ml Wasser aufgießen, mit Salz und Pfeffer würzen, die Tomatenstücke einrühren. Zugedeckt 12 Min. bei schwacher Hitze leise köcheln lassen.

3 Inzwischen das Zucchinifruchtfleisch in kleine Stücke schneiden und in einen breiten Topf füllen. Die Eier trennen. Den Reis etwas abkühlen lassen. Eiweiße und Semmelbrösel unterrühren. Die Zucchini mit der Reismasse füllen und auf einen Dämpfeinsatz setzen. Die Brühe zum Zucchinifruchtfleisch gießen, die Kräuter einstreuen, aufkochen lassen. Den Dämpfeinsatz hineinstellen und die gefüllten Zucchini zugedeckt bei mittlerer Hitze 30–35 Min. über der Brühe dämpfen. Den Backofen auf 50° (Umluft 40°) vorheizen.

4 Die Zucchini im Ofen warm halten. Den Sud pürieren, wieder erhitzen. Eigelbe mit Zitronensaft verquirlen, in die Sauce rühren und erhitzen, bis sie bindet, aber nicht mehr kochen lassen.

5 In einer Pfanne die Butter erhitzen und die Steinpilzscheiben darin 3 Min. bei mittlerer Hitze anbraten, in die Sauce rühren, abschmecken. Die Sauce über die Zucchini gießen und servieren.

Zutaten für 4 Personen:
4 Fenchelknollen (etwa 1,2 kg)
Salz
4–6 EL Mehl
8 EL Olivenöl
2 Kugeln Mozzarella (je 125 g)
150 g Hartkäse (Parmesan, alter Gouda, Greyerzer)
1 große Dose geschälte Tomaten (800 g Füllgewicht)
je 2 Zweige Oregano, Thymian und Basilikum
Pfeffer
Und: Fett für die Form

Zubereitungszeit: 40 Min. (+ 25 Min. Garzeit)
Pro Portion etwa: 2677 kJ / 640 kcal
30 g EW / 44 g F / 35 g KH

Preiswert

Sizilianischer Fenchelauflauf

1 Den Fenchel waschen, putzen, die Stengel abschneiden, das Fenchelgrün fein hacken und zur Seite legen. Die Knollen der Länge nach in fingerdicke Scheiben schneiden, salzen und in Mehl wenden. Das Olivenöl in einer großen Pfanne bei mittlerer Hitze heiß werden lassen, die Fenchelscheiben portionsweise auf beiden Seiten in je 5 Min. goldbraun braten, fertiggebratene zur Seite stellen.

2 Den Mozzarella in Scheiben schneiden, den Hartkäse reiben. Den Backofen auf 225° (Umluft 200°) vorheizen. Die Tomaten mit Saft in der Pfanne bei starker Hitze 5 Min. einkochen, die Früchte dabei zerdrücken. Die Kräuter abbrausen, die Blättchen feinhacken. Eine breite Auflaufform einfetten und die Hälfte der Fenchelscheiben hineinlegen.

3 Die Hälfte der Mozzarellascheiben darüber verteilen, mit Salz, Pfeffer, gehacktem Fenchelgrün und den Kräutern würzen. 1/3 vom geriebenen Käse darüber streuen. Die übrigen Fenchelscheiben darauf legen, restlichen Mozzarella, Kräuter und wieder 1/3 vom Käse darauf verteilen.

4 Die Tomatensauce abschmecken und über den Auflauf gießen. Die Oberfläche mit dem restlichen Käse bestreuen. Im Backofen (Mitte) 25 Min. überbacken, bis der Käse gebräunt ist. Heiß servieren.

Dazu paßt Vollkorn-Baguette, kurz im Ofen mitgebacken.

Tip: Statt Fenchel Broccoliröschen in wenig Gemüsebrühe mit etwas Butter bißfest dünsten und in die Form schichten. Statt Mozzarella eignen sich auch milde Schnittkäse-Reste.

Dazu schmeckt ein sizilianischer Weißwein, z. B. Corvo.

Grüner Spargel mit Kartoffel-Mandel-Creme

Zutaten für 4 Personen:

300 g mehligkochende Kartoffeln
Salz
2 kg grüner Spargel
1 EL Butter
1 EL Olivenöl
40 g geschälte gehackte Mandeln
1 Knoblauchzehe
75 g Sahne
Pfeffer
2 Prisen Ingwerpulver
2 TL Zitronensaft
einige Spritzer Worcestersauce
1/2 Bund glatte Petersilie

Zubereitungszeit: 45 Min.
Pro Portion etwa:
966 kJ / 231 kcal
9 g EW / 12 g F / 28 g KH

Für Gäste

1 Die Kartoffeln waschen und knapp mit Salzwasser bedeckt 20–25 Min. garen. Inzwischen den Spargel waschen, die Enden abschneiden und nur das untere Drittel der Stangen schälen. Den Spargel in kochendes Salzwasser mit Butter geben und bei mittlerer Hitze 15 Min. garen. Abgießen, dabei 1/4 l Kochwasser auffangen. Spargel abtropfen lassen. 300 ml Spargelkochwasser abmessen und beiseite stellen.

2 Die Kartoffeln abgießen und heiß pellen. Das Öl erhitzen, die Mandeln darin unter Rühren in 2–3 Min. goldbraun anrösten. Die Knoblauchzehe schälen, dazupressen und kurz andünsten. Die Kartoffeln durch die Presse dazudrücken (nicht pürieren!) und alles nach und nach mit dem beiseite gestellten Spargelsud und der Sahne zu einer geschmeidigen Creme verarbeiten. Mit Salz, Pfeffer, Ingwer, Zitronensaft und Worcestersauce abschmecken und bei schwacher Hitze zugedeckt 5 Min. leise köcheln lassen.

3 Inzwischen die Petersilie waschen, die Blättchen abzupfen. Einige zum Garnieren beiseite legen, die restlichen sehr fein hacken und unter die Sauce rühren. Diese sofort mit dem abgetropften Spargel servieren. Mit der Petersilie garnieren.

Tip: Die gehaltvolle Sauce ersetzt die Beilage. Wer sichergehen mag: einfach noch gekochte und in Olivenöl gebratene neue Kartoffeln dazu servieren.

Dazu schmeckt ein Weißwein aus Italien, z. B. ein Chardonnay

Zutaten für 4 Personen:

Für die Tomatensauce:
150 g Zwiebeln
1 Knoblauchzehe
1 frische grüne Chilischote (siehe Tip S. 55)
2 EL Olivenöl
1 große Dose geschälte Tomaten (800 g Füllgewicht)
Salz
Für den Sellerie:
2 kleine Knollensellerie (je etwa 400 g)
Salz
Pfeffer
100 g ungesalzene geröstete Erdnußkerne (aus dem Reformhaus)
1 Ei
2 EL Mehl
50 g Butterschmalz
Und: 1 Zitrone zum Servieren

Zubereitungszeit: 45 Min.
Pro Portion etwa:
1656 kJ / 396 kcal
11 g EW / 30 g F / 27 g KH

Gelingt leicht

Gebratener Sellerie mit Erdnußkruste

1 Für die Sauce die Zwiebeln und den Knoblauch schälen und fein würfeln. Die Chilischote waschen, längs aufschlitzen und entkernen. Das Olivenöl erhitzen, Zwiebeln, Knoblauch und Chilischote darin andünsten. Die Tomaten dazugeben und die Sauce bei schwacher Hitze 20 Min. offen köcheln lassen, zum Schluß salzen.

2 Inzwischen die Sellerieknollen waschen und in 1 cm dicke Scheiben schneiden. Diese schälen und in kochendem Salzwasser 10 Min. garen, dann abgießen und mit Küchenpapier trockentupfen, salzen und pfeffern.

3 Die Erdnüsse fein reiben, das Ei mit Salz und Pfeffer verquirlen. Die Selleriescheiben zuerst in Mehl, dann in Ei und zum Schluß in den Erdnüssen wenden.

4 Das Butterschmalz in einer großen Pfanne erhitzen, die Selleriescheiben darin portionsweise von jeder Seite in 3 Min. goldbraun braten. Mit der Sauce und den Zitronenschnitzen servieren.

Steckrüben-Pommes mit Apfel-Dip

1 Die Steckrüben in 1 cm dicke Scheiben schneiden, schälen und waschen. Die Scheiben in kochendem Salzwasser 20 Min. garen. Inzwischen für den Dip das Eigelb mit 2 TL Zitronensaft, Senf, Salz und Pfeffer gut verrühren, das Öl nach und nach einfließen lassen, bis eine Mayonnaise entstanden ist. Den Joghurt unterrühren.

2 Den Apfel schälen, vierteln, entkernen und grob raspeln, sofort mit dem übrigen Zitronensaft unter die Joghurt-Mayonnaise mischen. Bis zum Servieren abgedeckt kalt stellen. Die Steckrüben abgießen, etwas abkühlen lassen, dann die Scheiben in kräftige Stifte wie Pommes frites schneiden.

3 Das Fett zum Fritieren auf 170° erhitzen. Das Mehl mit Salz und Pfeffer würzen, die Rübenstücke darin portionsweise wälzen, abklopfen, dann im heißen Fett in 2–3 Min. portionsweise ausbacken. Auf Küchenpapier kurz abtropfen lassen. Die Sauce zum Dippen dazu servieren.

Zutaten für 4 Personen:

750 g Steckrüben (ersatzweise Kohlrabi)
Salz
1 Eigelb
2 EL Zitronensaft
1 TL Dijon-Senf
Pfeffer
1/8 l Sonnenblumen- oder Maiskeimöl
150 g Joghurt
1 kleiner säuerlicher Apfel
3 EL feines Maismehl
Und: Fett zum Fritieren

Zubereitungszeit: 45 Min.
Pro Portion etwa:
1585 kJ / 379 kcal
4 g EW / 32 g F / 22 g KH

Preiswert

Zutaten für 4 Personen:

400 g Tomaten
1 rote Zwiebel
2 Knoblauchzehen
2 säuerliche Äpfel
1 1/2 EL Butterschmalz
Meersalz
Pfeffer
2 TL frisch geriebener Ingwer
2 TL Honig
4 EL Reisessig
1 Prise Muskatnuß
1 Prise Nelke
1 TL gehackte Minze
800 g kleine festkochende Kartoffeln
100 g ausgehülste grüne Erbsen
1/2 eingelegte Chilischote
1 Frühlingszwiebel
250 g fester Joghurt
1 TL Tandoori-Gewürz
1 EL glatte Petersilie oder Koriandergrün
Und: Butterschmalz für die Form

Zubereitungszeit: 1 1/4 Std.
Pro Portion etwa:
1368 kJ / 327 kcal
8 g EW / 9 g F / 58 g KH

Vollwertig

Indische Backkartoffeln mit Chutney

1 Tomaten waschen, putzen und in Würfel schneiden. Die Zwiebel und 1 Knoblauchzehe schälen und kleinschneiden. Äpfel waschen, schälen und das Kerngehäuse entfernen. Äpfel in kleine Stücke schneiden.

2 Zwiebel und Knoblauch in einem Topf in 1 EL Butterschmalz 2 Min. bei mittlerer Hitze dünsten. Die Hälfte beiseite stellen. Äpfel und Tomaten in den Topf geben. Alles zugedeckt bei schwacher Hitze 4 Min. garen. Mit Salz, Pfeffer, Ingwer, Honig, Essig, Muskatnuß, Nelke und Minze würzen. Abkühlen lassen.

3 Kartoffeln waschen, schälen, mit der Gabel von allen Seiten einstechen und vierteln. In Salzwasser in 12–15 Min. knapp gar kochen. Erbsen waschen, in einem Topf mit 1/8 l Wasser 2 Min. kochen und zugedeckt vom Herd ziehen. Backofen auf 200° (Umluft 180°) vorheizen.

4 Chilischote kleinschneiden und mit Salz und 2 EL Wasser vermischen. Restliche Knoblauchzehe schälen, pressen und untermischen. Frühlingszwiebel waschen, putzen und kleinschneiden. In einem kleinen Topf das restliche Butterschmalz erhitzen und die Frühlingszwiebel 2 Min. darin dünsten. Dann mit der Chilisauce und Joghurt cremig rühren.

5 Eine Auflaufform einfetten. Kartoffeln und Erbsen abgießen und mit der beiseite gestellten Zwiebel-Knoblauch-Mischung in die Form geben, mit Tandoori-Gewürz, Salz und Pfeffer vermischen. Mit der Joghurtsauce übergießen. 20 Min. im Ofen (Mitte) überbacken. Mit Petersilie bestreuen. Mit dem Apfel-Tomaten-Chutney servieren.

Variante:
Kartoffelgratin

1 kg geschälte festkochende, in dünne Scheiben gehobelte Kartoffeln mit Salz, Pfeffer und 1 Prise Muskatnuß sowie 80 g geriebenem Emmentaler vermischen und in einer mit Knoblauch ausgeriebenen, gefetteten Gratinform verteilen. 2 verquirlte Eier mit 250 g Sahne verrühren, salzen, pfeffern und über die Kartoffeln gießen. Bei 200° im Ofen (Mitte, Umluft 180°) 45 Min. backen.

Zutaten für 4 Personen:

Für den Teig:	
300 g Mehl	
1/2 Würfel Hefe (21 g)	
1 Prise Zucker	
190–200 ml lauwarmes Wasser	
1/2 TL Salz · 1 EL Olivenöl	
Für die Füllung:	
1 Zwiebel	
2 EL Olivenöl	
1 große Dose Tomaten (800 g)	
2 mittelgroße Zucchini	
1 große rote Paprikaschote	
200 g Broccoli · Salz	
100 g Champignons	
2 Knoblauchzehen · Pfeffer	
1/2 Bund Basilikum	
250 g Mozzarella	
100 g kleine schwarze Oliven	
2 EL frisch geriebener Parmesan	
Und: Mehl zum Arbeiten	
Öl für das Blech	

Zubereitungszeit: 30 Min.
(+ 45 Min. Gehzeit
+ 25 Min. Backzeit)
Pro Portion etwa:
2886 kJ / 690 kcal
30 g EW / 29 g F / 82 g KH

Für Gäste

Gemüsepizza

1 Das Mehl in eine Schüssel sieben, eine Mulde hineindrücken. Hefe mit Zucker und 2 EL lauwarmem Wasser glattrühren, hineingießen. Mit Mehl bestäuben und zugedeckt 15 Min. gehen lassen. Salz im Wasser auflösen und zum Vorteig geben. Den Teig so lange kneten, bis er glatt und geschmeidig ist. Mit Öl bestreichen und zugedeckt an einem warmen Ort 30 Min. gehen lassen.

2 Inzwischen die Zwiebel schälen und hacken. In 1 EL Öl glasig dünsten. Die Tomaten hinzufügen und 20 Min. bei schwacher Hitze offen köcheln lassen. Währenddessen das Gemüse waschen. Zucchini putzen und in kleine Würfel schneiden. Paprikaschote halbieren, putzen und in kleine Vierecke schneiden. Broccoli in sehr kleine Röschen teilen, 2–3 Min. in Salzwasser blanchieren, eiskalt abschrecken. Den Backofen auf 220° (Umluft 200°) vorheizen.

3 Champignons abreiben, putzen und in Scheiben schneiden. In einer Pfanne das restliche Öl erhitzen. Paprikaschote, Zucchini und Champignons bei mittlerer Hitze 3 Min. darin dünsten. Knoblauch schälen, zum Tomatenpüree pressen, salzen und pfeffern.

4 Den Teig kräftig durchkneten. Auf der bemehlten Arbeitsfläche auf Größe des Backblechs ausrollen. Das Blech mit wenig Öl bestreichen, mit dem Teig auslegen. Den Teigboden mehrmals mit einer Gabel einstechen. Das Gemüse vermischen, auf dem Teig verteilen. Basilikum waschen, in Streifen schneiden und darüber geben. Den Mozzarella in Scheiben schneiden. Abwechselnd Tomatenpüree und Mozzarella darauf verteilen, die Oliven darauf geben, mit dem Parmesan bestreuen. Die Pizza im Ofen (Mitte) 20–25 Min. backen.

Tip: Sie können auch 4 kleinere Pizzen auf runden Blechen backen (siehe Foto).

Variante:
Spargelpizza

Den Teig zubereiten wie beschrieben. Je 400 g geschälten grünen und weißen Spargel in 2 cm lange Stücke schneiden. 4 EL Öl erhitzen, Spargel 3 Min. darin dünsten. 600 g zerdrückte Dosentomaten hinzufügen, salzen, pfeffern und 15 Min. schmoren lassen. Bei Bedarf Tomatensaft dazugießen. Dann offen unter Rühren die Flüssigkeit verdampfen lassen. Das gefettete Blech mit dem Teig belegen, Gemüse darauf verteilen. Mit 100 g geriebenem Parmesan bestreuen. Pizza noch 5 Min. ruhen lassen, dann wie angegeben backen.

Paprika-Tortilla mit Pfifferlingen

Zutaten für 4 Personen:

400 g festkochende Kartoffeln
je 1 kleine rote und grüne Paprikaschote
100 g frische Pfifferlinge
1 Zwiebel
1 Knoblauchzehe
1 getrocknete Chilischote
6 EL Olivenöl
Meersalz
Pfeffer
1 Bund Petersilie
6 Eier
1 TL frisch gehackter Thymian

Zubereitungszeit: 1 Std.
Pro Portion etwa:
1201 kJ / 287 kcal
11 g EW / 18 g F / 22 g KH

Preiswert

1 Die Kartoffeln schälen und waschen, erst in Scheiben, dann in 1/2 cm dünne Stifte schneiden. Die Paprikaschoten vierteln, putzen, waschen und in feine Streifen schneiden. Die Pfifferlinge kurz abbrausen, putzen und grob zerteilen. Die Zwiebel und den Knoblauch schälen, die Zwiebel fein würfeln. Die Chilischote entkernen und zerbröseln.

2 In einer beschichteten Pfanne von 26 cm Durchmesser 4 EL Öl erhitzen. Kartoffelstifte und Zwiebelwürfel darin bei mittlerer Hitze unter gelegentlichem Wenden 10 Min. braten, bis die Kartoffeln goldbraun und knapp gar sind. Dann die Paprikaschoten, Pilze und Chilischote in die Pfanne geben, den Knoblauch dazupressen. Alles 10 Min. mitdünsten. Mit Salz und Pfeffer würzen.

3 Inzwischen die Petersilie waschen, Blätter abzupfen und fein hacken, 1 EL beiseite stellen. Die Eier aufschlagen, mit der Petersilie und dem Thymian gründlich verquirlen. Mit Salz und Pfeffer kräftig würzen.

4 Die Eiermasse in die Pfanne gießen und mit den Gemüsezutaten vermischen. Bei schwacher Hitze in 10–15 Min. stocken lassen, dabei gelegentlich die Pfanne hin- und herrütteln, damit die Tortilla nicht ansetzt. Wenden und auf der anderen Seite noch 5 Min. zugedeckt backen.

5 Die Tortilla auf eine Platte gleiten lassen, in Portionsstücke schneiden und heiß oder kalt mit der restlichen Petersilie bestreut servieren.

Dazu paßt ein frischer Salat.

Tip: Damit beim Wenden nichts schief geht, die Tortilla auf einen Teller gleiten lassen. Mit Hilfe eines zweiten Tellers wenden und mit der gebräunten Seite nach oben wieder in die Pfanne gleiten lassen.

Zutaten für 4 Personen:
280 g getrocknete weiße Bohnen
1 Lorbeerblatt
2 frische rote Chilischoten (siehe Tip S. 55)
2 mittelgroße Zwiebeln
2–4 Knoblauchzehen
2 Eier (S)
je 1/2 TL gemahlener Koriander, Kreuzkümmel und Pfeffer
1/2 TL getrockneter Oregano
Salz · 4–6 gehäufte EL Vollkorn-Semmelbrösel
2 EL Erdnußöl
400 ml Gemüsebrühe
400 ml milder Weißwein oder Gemüsebrühe
4 grüne feste Bananen
2–4 EL Erdnußcreme
2 EL herbe Zitronenmarmelade
Und: Öl zum Braten
2 Zitronen

Zubereitungszeit: 1 Std. (+ 12 Std. Einweichzeit + 1 1/2 Std. Garzeit)
Pro Portion etwa: 2991 kJ / 715 kcal
30 g EW / 17 g F / 103 g KH

Braucht etwas Zeit

Bohnenbällchen mit Bananen

1 Am Vortag die Bohnen in kaltem Wasser einweichen. Dann im Einweichwasser mit dem Lorbeerblatt zugedeckt bei schwacher Hitze 1–1 1/2 Std. köcheln lassen, bis sie gar, aber noch bißfest sind. Die Bohnen in ein Sieb gießen, abtropfen lassen.

2 Die Chilischoten waschen, halbieren, entkernen und kleinschneiden. Zwiebeln und Knoblauch schälen, 1 Zwiebel und den Knoblauch grob würfeln und mit den Bohnen und den Chilischoten im Blitzhacker pürieren oder durch die feine Scheibe des Fleischwolfs drehen. Eier, Gewürze und Salz unterrühren, soviel Semmelbrösel dazugeben, bis die Masse fest genug zum Formen ist. 15 Min. ruhen lassen.

3 Inzwischen die restliche Zwiebel sehr fein hacken. In einer Kasserolle das Erdnußöl erhitzen, die Zwiebelwürfel darin bei mittlerer Hitze goldgelb braten. Brühe und Weißwein dazugießen (oder nochmal Brühe) und 20 Min. bei schwacher Hitze leise köcheln lassen. Den Backofen auf 50° (Umluft 40°) vorheizen.

4 Aus der Bohnenmasse etwa 36 tischtennisballgroße Bällchen formen. In einem Topf etwa 1 cm hoch das Öl zum Braten erhitzen und die Bällchen portionsweise bei mittlerer Hitze in 6–7 Min. darin rundum braun braten. Fertige Bällchen auf Küchenpapier abtropfen lassen, im Ofen warm halten.

5 Die Bananen schälen und im verbliebenen Öl auf beiden Seiten je 2 Min. bräunen. Die Sauce mit Erdnußcreme und Zitronenmarmelade binden, noch einmal aufkochen und abschmecken. Die Bohnenbällchen mit den Bananen anrichten, mit der Sauce umgießen und mit Zitronenvierteln servieren.

Dazu schmeckt ein frischer Weißwein, z. B. Chardonnay.

Zutaten für 4 Personen:

1 unbehandelte Zitrone
4 EL Sojasauce
Salz
1 TL Speisestärke
2 Knoblauchzehen
500 g Tofu
3–4 Stangen Lauch (etwa 600 g)
500 g Zwetschgen
100 Sojasprossen (Info Seite 88)
1 Stück frischer Ingwer (etwa 2 cm; oder 1 TL Ingwerpulver)
1/4 EL Öl
30 g Butter
1 EL scharfer Curry
1 EL frisch gemahlener Koriander
1/8 l Gemüsebrühe
Pfeffer
1 TL brauner Zucker
1 EL Schnittlauchröllchen

Zubereitungszeit: 1 Std.
(+ 1 Std. Mariniertzeit)
Pro Portion etwa:
1113 kJ / 266 kcal
15 g EW / 15 g F / 24 g KH

Für Gäste

Zwetschgen-Lauch-Curry mit Tofu

1 Für die Marinade die Zitrone heiß waschen, trockentupfen und die Schale fein abreiben, den Saft auspressen. Zitronenschale und -saft mit 2 EL Sojasauce, 1/2 TL Salz und der Speisestärke verquirlen. 1 Knoblauchzehe schälen und dazupressen.

2 Den Tofu abtropfen lassen und würfeln. In der Marinade wenden und zugedeckt 1 Std. durchziehen lassen, zwischendurch wenden. Inzwischen den Lauch gründlich waschen und putzen, schräg in dünne Ringe schneiden. Die Zwetschgen waschen und entsteinen. Die Sprossen waschen, kurz blanchieren, abschrecken und gut abtropfen lassen. Den Ingwer und die zweite Knoblauchzehe schälen und fein würfeln. Den Backofen auf 50° (Umluft 40°) vorheizen.

3 In einem Wok das Öl stark erhitzen. Den Tofu aus der Marinade nehmen und gut abtropfen lassen, die Marinade beiseite stellen. Tofu portionsweise ins heiße Fett geben und in 2 Min. goldbraun braten. Mit einer Schaumkelle herausheben und auf Küchenpapier kurz abtropfen lassen, dann zugedeckt im Ofen warm halten.

4 Das Öl bis auf 2 EL abgießen, Butter hinzufügen und bei mittlerer Hitze schmelzen lassen. Ingwer und Knoblauch 2 Min. darin andünsten, Lauch dazugeben und 2–3 Min. mitgaren. Mit Curry und Koriander bestäuben und unter Rühren 1/2 Min. anschwitzen. Marinade und Brühe angießen, aufkochen lassen. Die Hitze herunterschalten, die Zwetschgen hinzufügen und vorsichtig untermischen. Weitere 2 Min. bei schwacher Hitze garen, mit der übrigen Sojasauce, Salz, Pfeffer und Zucker würzen. Tofu und Sprossen untermengen, zugedeckt 5 Min. ziehen lassen. Mit Schnittlauch bestreuen.

Tips: Ideal für ein Gästeessen: Den Tofu am Vortag marinieren und über Nacht durchziehen lassen. Als Hauptgericht mit Naturreis servieren.

Statt Zwetschgen passen auch Aprikosen, Ananas oder Mango zu dem fruchtigen Curry.

Gefüllte Grapefruit-Crêpes

Zutaten für 4 Personen:
50 g Mehl
4–5 EL Milch
2 Eier
2 Prisen Salz
2 gelbe Grapefruits
2 EL Zucker
1 EL Bienenhonig
1 EL Butterschmalz
1/8 l frisch gepreßter Grapefruitsaft
1/8 l frisch gepreßter Orangensaft
1 TL Maisstärke
1 EL bittere Orangenmarmelade
3 EL Orangenlikör nach Belieben (z. B. Grand Marnier)
Und: Minzeblättchen und Orangenscheiben nach Belieben zum Garnieren

Zubereitungszeit: 50 Min. (+ 1 Std. Ruhezeit)
Pro Portion etwa: 1096 kJ / 262 kcal
5 g EW / 6 g F / 41 g KH

Für Gäste

1 Das Mehl mit 3 EL Milch gut verrühren. Die Eier mit dem Salz hinzufügen und alles so lange schlagen, bis ein glatter Teig entsteht. Den Teig zugedeckt 1 Std. ruhen lassen. Die Grapefruits rundum so schälen, daß auch die weiße Fruchthaut entfernt wird. Danach mit einem scharfen Messer das Fruchtfleisch zwischen den Trennhäuten herauslösen. Den auslaufenden Saft beim Filetieren auffangen.

2 Den Backofen auf 50° (Umluft 40°) vorheizen. In einer trockenen Pfanne 1 EL Zucker hellgelb karamelisieren. 1 TL des aufgefangenen Saftes dazugeben, gut umrühren. Grapefruitfilets in je 3 Stücke schneiden und dazugeben. Im Karamel wenden und den Honig hinzufügen. Die Schnitze bei mittlerer Hitze solange wenden, bis sie mit einer Honigschicht überzogen sind. Die Pfanne kurz beiseite stellen.

3 Den Teig mit der restlichen Milch so verdünnen, daß er fließend wird. Das Butterschmalz in einer großen oder zwei kleineren Bratpfannen zerfließen lassen. Nacheinander 4 große oder je 4 kleinere Crêpes darin beidseitig bei mittlerer Hitze goldgelb ausbacken. Die Crêpes zwischen zwei Tellern im Ofen warm halten.

4 Den Grapefruitsaft mit eventuell noch vorhandenem aufgefangenem Grapefruitsaft in einer Kasserolle aufkochen. Den Orangensaft mit dem restlichen Zucker und der Maisstärke gut verrühren, zum Grapefruitsaft geben. Unter Rühren in 3 Min. zu einem leichten Sirup kochen. Die Orangenmarmelade und nach Belieben den Likör hinzufügen. Die Crêpes mit den karamelisierten Grapefruitstücken füllen und falten. Auf Teller anrichten und mit der Sauce begießen. Sofort servieren.

Varianten:

Erdbeer-Pistazien-Crêpes

Den Teig zubereiten wie beschrieben. Während der Quellzeit des Teiges 250 g Erdbeeren vorsichtig abbrausen, putzen und gut abtropfen lassen. 125 g Sahne mit 1 TL Vanillezucker halbfest schlagen. Die Crêpes ausbacken wie beschrieben. Die Erdbeeren und 1 EL gehackte Pistazien auf die fertigen Crêpes verteilen. Jeweils einen Klecks Sahne dazu geben, die Crêpes zusammenklappen und sofort servieren.

Crêpes mit Apfelmus

Den Teig zubereiten wie oben beschrieben. Während der Quellzeit des Teiges 4 mittelgroße säuerliche Äpfel schälen und in feine Scheibchen schneiden. Mit 200 ml Apfelsaft in einem Topf bei mittlerer Hitze 10–15 Min. köcheln lassen, bis die Äpfel zu Mus zerfallen sind. Die Äpfel pürieren und 2 EL Zucker unterrühren. Das Apfelmus unter Rühren noch einmal 5 Min. kochen lassen. 100 g geschälte Haselnußkerne grob hacken und unter das Apfelmus mischen. Die Crêpes ausbacken wie beschrieben. Mit dem Apfelmus füllen, zusammenklappen und mit Puderzucker bestäubt sofort servieren.

Die Grapefruits so schälen, daß auch die Fruchthaut entfernt wird.

Mit einem scharfen Messer das Fruchtfleisch zwischen den Trennhäuten herauslösen.

In einer großen Pfanne 4 Crêpes goldgelb ausbacken, jedes einmal wenden.

Zutaten für 1 Auflauf- oder Tarteform von 28 cm ø:
100 g Zucker
2 Päckchen Vanillezucker
3 Eier (L)
75 g Mehl
1 Prise Salz
1 Msp. Weinsteinbackpulver (aus dem Reformhaus)
150 ml Milch
500 g gemischte frische oder tiefgekühlte Beeren (z. B. Brombeeren, Himbeeren, Johannisbeeren)
Und: Butter für die Form
Puderzucker zum Bestäuben

Zubereitungszeit: 1 Std.
(+ 30 Min. Quellzeit)
Bei 4 Stücken pro Stück etwa:
1422 kJ / 340 kcal
8 g EW / 6 g F / 65 g KH

Gelingt leicht

Beeren-Clafoutis

1 Den Zucker, den Vanillezucker und die Eier mit den Quirlen des Handmixers sehr schaumig schlagen. Das Mehl mit Salz und Backpulver bestreuen, nach und nach mit der Milch unterziehen und alles zu einem glatten Teig verrühren. Zugedeckt im Kühlschrank 30 Min. quellen lassen.

2 Inzwischen die Beeren kurz waschen, gut abtropfen lassen und verlesen, dabei die Stengelansätze herauszupfen. Gefrorene Beeren antauen lassen.

3 Den Backofen auf 175° vorheizen. Die Form gut einfetten, den Teig hineingießen. Von den Früchten einige zum Garnieren beiseite legen. Die übrigen frischen oder gefrorenen Beeren in der Form verteilen.

4 Im Ofen (Mitte, Umluft 150°) 40 Min. backen. Etwas abkühlen lassen, dann mit Puderzucker bestäuben und mit den übrigen beiseite gelegten Beeren garnieren.

Tip: Statt in einer großen Form können Sie den Clafoutis auch in Portionsförmchen backen (siehe Foto) – die Menge reicht für 6 feuerfeste, flache Förmchen (ø 12 cm).

Info: Die Süßspeise aus dem Südwesten Frankreichs ist ein süßes Hauptgericht für 4 Personen, als Dessert oder nachmittags zum Kaffee reicht sie für 6–8 Personen.

Dinkel-Apfel-Schmarrn

Zutaten für 4 Personen:
150 g Dinkel
1 Prise Meersalz
1/4 l Milch
1/2 TL Zimt
50 g ungeschwefelte Rosinen
4 Eier
1 säuerlicher Apfel
Zimt
2 TL Akazienhonig
2 EL Mineralwasser
3 EL Butterschmalz

Zubereitungszeit: 20 Min.
(+ 30 Min. Ruhezeit)
Pro Portion etwa:
1452 kJ / 347 kcal
14 g EW / 19 g F / 46 g KH

Gelingt leicht

1 Für den Teig den Dinkel mehlfein mahlen und mit Salz, Milch und 1 Prise Zimt vermischen. 30 Min. ruhen lassen. Inzwischen den Backofen auf 50° (Umluft 40°) vorheizen. Die Rosinen von heißem Wasser bedeckt quellen lassen.

2 Die Eier trennen. Die Eiweiße steif schlagen. Die Eigelbe unter den Teig rühren. Den Apfel waschen und ohne Kerngehäuse in sehr kleine Stücke schneiden. Mit 1 Prise Zimt und Honig vermischen. Rosinen abtropfen lassen und zum Apfel geben.

3 Den Teig mit dem Mineralwasser aufschlagen und den Eischnee unterheben. In einer großen schweren Pfanne 1 EL Butterschmalz bei mittlerer Hitze heiß werden lassen. Etwas weniger als die Hälfte des Teiges in der Pfanne gleichmäßig verteilen. Mit dem Spatel den Teig vom Boden lösen, etwas Butterschmalz am Rand dazugeben, falls er klebt. Die Pfanne rütteln.

4 Sobald der Teig oben fest wird und zu bräunen beginnt, die Hitze reduzieren und die Hälfte der Apfel-Rosinen-Mischung darauf verteilen. Die Füllung mit einigen Eßlöffeln Teig knapp bedecken. Mit einigen Flöckchen Butterschmalz belegen und den gefüllten Teig auf einen Teller gleiten lassen. Mit Hilfe eines zweiten Tellers wenden und wieder in die Pfanne zurückgleiten lassen.

5 Mit zwei Gabeln den Schmarrn in mundgerechte Stücke auseinanderreißen. Dann in eine Auflaufform geben und zugedeckt in den Backofen stellen. Mit der zweiten Teighälfte genauso verfahren.

Dazu paßt Apfelmus (siehe z. B. die Variante Crêpes mit Apfelmus, Seite 135, nur ohne die Haselnüsse) oder Pflaumenkompott, kalt oder warm.

Zutaten für 4 Personen:

1/4 l kalte Milch
1 Packung gekochte Klöße für 1/2 l Flüssigkeit (Instant)
2 Eigelbe
50 g Zucker
600 g reife Aprikosen (ersatzweise Nektarinen)
Salz
80 g Butter
80 g gemahlener Mohn
Mehl zum Ausrollen
Puderzucker zum Bestäuben

Zubereitungszeit: 1 Std.
Pro Portion etwa:
2322 kJ / 555 kcal
12 g EW / 31 g F / 64 g KH

Gelingt leicht

Mohn-Schupfnudeln mit Aprikosen

1 Die Milch und 1/4 l kaltes Wasser in einer Schüssel verrühren. Das Knödelpulver hineinrühren und 5 Min. quellen lassen, dann mit den Eigelben und dem Zucker zu einem glatten Teig verkneten.

2 Den Teig auf der bemehlten Arbeitsfläche zu einer 5 cm dicken Rolle formen und in 1 cm dünne Scheiben schneiden. Die Scheiben zu daumendicken und an den Enden spitz zulaufenden Fingernudeln formen, kurz ruhen lassen.

3 Inzwischen die Aprikosen waschen, halbieren, entsteinen und vierteln. Reichlich gesalzenes Wasser zum Kochen bringen. Die Schupfnudeln portionsweise hineingeben, einmal kurz aufkochen lassen, dann die Hitze reduzieren. Wenn die Nudeln oben schwimmen, noch 1–2 Min. ziehen lassen. Mit einer Schaumkelle herausheben, kalt abschrecken und gut abtropfen lassen.

4 Die Butter in einer großen Pfanne aufschäumen lassen. Die Aprikosenviertel darin in 4–5 Min. weich dünsten. Erst den Mohn unterrühren, dann die Schupfnudeln hinzufügen und in der Mohnbutter 5 Min. wenden. Dick mit Puderzucker bestäuben und als süßes Hauptgericht servieren.

Tips: Tischen Sie die Mohnnudeln zur Abwechslung einmal als Nachspeise auf – die Menge reicht dann für 8 Personen.

Die Nudeln können Sie bereits am Vormittag »schupfen« und auf einem bemehlten Brett abgedeckt kalt stellen.

Zutaten für 4 Personen:

Für das Kompott:
750 g Rhabarber
5 EL Apfelsaft
100 g brauner Zucker
1 Stück Schale von 1 unbehandelten Zitrone
250 g Erdbeeren
Für die Quarkknödel:
80 g Butter
175 g Hartweizengrieß
1/4 l Milch
Salz
30 g Zucker
1 Päckchen Vanillezucker
1 TL abgeriebene Schale von 1 unbehandelten Zitrone
500 g Magerquark
3 Eier
50 g fein gehackte Pistazien

Zubereitungszeit: 1 1/4 Std. (+ 30 Min. Kühlzeit)
Pro Portion etwa: 3325 kJ / 795 kcal
29 g EW / 36 g F / 96 g KH

Gelingt leicht

Quark-Knödel auf Frucht-Kompott

1 Für das Kompott den Rhabarber waschen, putzen und in Stücke schneiden. Mit dem Apfelsaft, Zucker und der Zitronenschale bei mittlerer Hitze zugedeckt 5–7 Min. garen, abkühlen lassen.

2 Die Erdbeeren abbrausen, putzen und halbieren oder vierteln. In einer Schüssel unter das Kompott mischen, beiseite stellen.

3 Für die Knödel 50 g Butter in einem Topf erhitzen. Den Grieß einstreuen und solange rühren, bis das Fett aufgesogen ist. Die Milch, 1 Prise Salz, Zucker, Vanillezucker und Zitronenschale hinzufügen und unter Rühren bei schwacher Hitze in 1–2 Min. zu einem Brei kochen.

4 Den Grießbrei vom Herd nehmen, erst den Quark, dann nach und nach die Eier unterrühren und die Masse 30 Min. kalt stellen. Inzwischen den Ofen rechtzeitig auf 50° (Umluft 40°) vorheizen.

5 In einem großen Topf reichlich gesalzenes Wasser zum Kochen bringen. Einen Eisportionierer oder 2 Teelöffel ins heiße Wasser tauchen und aus der Quarkmasse etwa 45 walnußgroße Knödel abstechen. Portionsweise ins kochende Wasser geben. Die Temperatur herunterschalten und die Knödel 10–12 Min. ziehen lassen. Knödel herausheben, abtropfen lassen und im Ofen warm stellen.

6 Sobald die zweite Portion Knödel ins Wasser kommt, die übrige Butter in einer Pfanne schmelzen. Die Pistazien darin bei mittlerer Hitze unter Rühren in 3–4 Min. anrösten. Die Knödel in einer vorgewärmten Schüssel anrichten, mit der Pistazien-Butter begießen. Das Kompott zu den warmen Knödeln servieren.

Tip: Die Quarkknödel schmekken als süßes Hauptgericht oder als Dessert – dann reicht die Menge für 6–8 Personen.

Rezept- und Sachregister

KÜCHENDOLMETSCHER

Deutschland	Österreich	Schweiz
Aprikosen	Marillen	Aprikosen
Aubergine	Melanzane	Aubergine
Blumenkohl	Karfiol	Blumenkohl
Chilischoten	Pfefferoni	Gewürzpaprika
Dicke Bohnen	Saubohnen	Puffbohnen
Eigelb	Eidotter	Eigelb
Eiweiß	Eiklar	Eiweiß
Feldsalat	Vogerlsalat	Nüsslisalat
Grüne Bohnen	Fisolen	Grüne Bohnen
Grünkohl	Grünkohl	Federkohl
Kartoffeln	Erdäpfel	Kartoffeln
Klößchen	Nockerln	Möckli/Chügeli
Lauch	Porree	Lauch
Lauchzwiebel	Lauchzwiebel	Frühlingszwiebel
Mangold	Mangold	Krautstiel
Möhren (länglich)	Karotten	Rübli
Möhren (rund)	Karotten	Möhrli
Meerettich	Kren	Meerettich
Paprikaschoten	Paprika	Peperoni
Pfifferlinge	Eierschwammerl	Eierschwämme
Pilze	Schwammerln	Pilze
Quark	Topfen	Quark
Radicchio	Radicchio	Cicorino/Radicchio
Radieschen	Radieschen	Radies
Rosenkohl	Kohlsprossen	Rosenkohl
Rote Bete	Rote Rüben	Rande
Rotkohl	Blaukraut, Rotkraut	Rotkabis
Sahne, saure	Rahm	Saurer Rahm
Sahne, süße	Obers	Rahm
Schmand	dicker saurer Rahm	dicker saurer Rahm
Spinat	Spinat	Binätsch
Steckrübe	Stoppelrübe	Herbstrübe
Tomate	Paradeiser	Tomate
Walnüsse	Baumnüsse/Walnüsse	Baumnüsse
Weißkohl	Weißkraut	Weißkabis
Wirsing	Kohl	Wirz
Zucchini	Zucchini	Zucchini/Zucchetti
Zuckerschote	Erbsenschote	Kefe

Impressum

Die Autoren

Elisabeth Döpp
Sie schloß ihr Studium mit dem Magister ab und war jahrelang Lektorin eines großen Velages in München. Sie schrieb mehrere Kochbücher, ist außerdem UGB-Gesundheits-Trainerin im Bereich Ernährung und gibt Kochkurse. Sie ist spezialisiert auf vollwertige Küche und entwickelte die entsprechenden Rezepte für dieses Buch.

Annette Heisch
Optimale Qualität und sorgfältigste Behandlung von Lebensmitteln liegen ihr am Herzen. Im Laufe ihres Ökotrophologiestudiums eignete sie sich das theoretische Wissen an, praktische Erfahrungen sammelte sie während ihrer Redaktionstätigkeit bei großen Frauenzeitschriften sowie in der eigenen Versuchsküche. Seit 1995 ist sie als freie Journalistin und Kochbuchautorin tätig. Ihr Thema in diesem Buch: Warenkunde und Küchentechnik.

Reinhardt Hess
Nach dem Studium der Germanistik und Geographie begann er als Redakteur bei der größten deutschen Kochzeitschrift, danach arbeitete er als Redaktionsleiter in Buchverlagen. Jetzt schreibt er als freier Autor Kochbücher und steht dabei selbst in der Küche, um neue Ideen und auf Reisen gesammelte Rezepte auszuprobieren. Sein Schwerpunkt in diesem Buch: Internationale Küche.

Marianne Kaltenbach
Die Schweizer Erfolgsautorin kennt die Küche der europäischen Länder so gut wie die ihrer Heimat. Seit über 20 Jahren schreibt sie Kochbücher. Außer für Buchverlage schreibt sie für bekannte Schweizer Zeitschriften. Als gastronomische Journalistin behandelt sie am liebsten Themen der praxisnahen, aber unbedingt gehobenen Küche – aus diesem Grund ist ihr Schwerpunkt in diesem Buch Rezepte für Gäste und besondere Anlässe.

Martina Kittler
Nach dem Ökotrophologie- und Sportstudium machte sie ihre Leidenschaft Kochen zum Beruf. Fast acht Jahre lang arbeitete sie in der Redaktion der größten deutschen Kochzeitschrift. Seit 1991 schreibt sie freiberuflich Bücher und Artikel für Zeitschriften. Ihre Spezialgebiete: moderne und gesunde Ernährung, sowie schnelle und internationale Küche. Ihr Schwerpunkt in diesem Buch: Pfiffige Rezepte für jeden Tag.

Die Fotografen

Michael Brauner, Food Fotografie
Nach Abschluß der Fotoschule in Berlin arbeitete er als Fotoassistent bei namhaften Fotografen in Frankreich und Deutschland und machte sich 1984 selbständig. Sein individueller, atmosphärereicher Stil ist überall geschätzt: In der Werbung sowie bei vielen bekannten Verlagen. In seinen Studios in Karlsruhe und Gordes (Provence) setzt er die Rezepte zahlreicher GU-Titel stimmungsvoll ins Bild.

Studio und Archiv für Foodfotografie Teubner
Das von Christian Teubner 1962 gegründete Unternehmen genießt international größtes Ansehen. Christian Teubner – Fotograf, Koch und Gourmet – hat auf unzähligen Reisen durch alle Kontinente das Wesen der Landesküchen kennengelernt. In seinem Studio wird dieses Wissen in hochwertige Profi-Bücher umgesetzt. Besonderes Augenmerk legt er dabei auf die naturgetreue Wiedergabe der verwendeten Produkte. Das Fotoarchiv umfaßt eine der größten Sammlungen an warenkundlichen Aufnahmen weltweit.

Die Temperaturen bei Gasherden variieren von Hersteller zu Hersteller. Welche Stufe Ihres Herdes der jeweils angegebenen Temperatur entspricht, entnehmen Sie bitte der Gebrauchsanweisung.

Redaktion: Katharina Lisson, Sabine Sälzer
Lektorat: Angela Hermann-Heene
Versuchsküche: Barbara Hagmann, Christine Hagmann-Beimes, Traute Hatterscheid, Dorothea Henghuber, Marianne Obermayr
Typografie: Kraxenberger Kommunikation
Herstellung: Jürgen Bischoff

Bildnachweis
Titel, Innentitel, Kapitelaufmacher, Rezeptfotos, Tabellenfotos, Küchentechnik S. 31: Michael Brauner
Warenkunde S. 15, 16, 21, Glasvignetten: Stockfood Eising
Sonstige Bilder: Studio und Archiv für Foodfotografie Teubner
Großes Rückseitenbild: Wolf Heider-Savall

Satz: L & G 1000 GmbH, München
Repro: Fotolitho Longo, Bozen
Druck und Bindung: Mondadori, Verona
ISBN 3-7742-2999-6

Printed in Italy

Auflage	6.	5.	4.	3.	2.	1.
Jahr		2002	2001	2000	99	98

Umschlag-Vorderseite:
Sizilianischer Fenchelauflauf S. 126
Umschlag-Rückseite (von oben nach unten): Feines Gemüseragout (Rezept S. 50), Gefüllte Couscous-Tomaten (Rezept S. 102), Mohn-Schupfnudeln mit Aprikosen (Rezept S. 138)

Alle Aufnahmen entstanden auf Agfachrome 100 RS

DIE GU KÜCHENBIBLIOTHEK

Der Beginn einer wunderbaren kulinarischen Freundschaft.

Band für Band genießen.

Wer gerne kocht und öfter mal was Neues probiert, will mehr wissen über Rezepte, Warenkunde und Küchentechniken. Dafür gibt es jetzt die »GU Küchenbibliothek«. Diese neue Reihe ist das Standardwerk für die Küche 2000. Sie beantwortet alle Fragen, die sich in der modernen Küche stellen. Aktuell, ausführlich und mit appetitanregenden Fotos im neuartigen Stil – damit kein Erfolgsrezept verborgen bleibt.

Mehr draus machen
Mit Gräfe und Unzer